REFUTATION
D'UN
NOUVEAU SYSTEME
DE
METAPHYSIQUE,
PROPOSE' PAR LE P. M....
Auteur de la Recherche de la Verité.

SECONDE PARTIE.

A PARIS,
Chez RAYMOND MAZIERES, Libraire,
ruë Saint Jacques, à la Providence,
prés la ruë de la Parcheminerie.
───────────────
M. DCCXV.
Avec Approbation, & Privilege du Roy.

REFUTATION
D'UN
NOUVEAU SYSTEME
DE
METAPHYSIQUE.
*Proposé par le P. M.... Auteur de
la Recherche de la Verité.*

SECONDE PARTIE.
Le P. M.... Chef d'une nouvelle
Secte de Philosophes.

*Dessein particulier de cette
seconde Partie.*

'Est icy que nôtre Auteur
commence tout de bon à
secoüer le joug du Cartésianisme, & à parler à son
tour en maître, qui préside au milieu
A ij

d'une nouvelle Ecole formée de sa main. Cet Aigle de la nouvelle Philosophie prend d'abord son vol vers le monde intelligible, & transporte ses Aiglons jusqu'au soleil des intelligences, pour accoûtumer leurs yeux à regarder fixement cet astre Eternel, mille fois plus radieux que celui qui répand la lumiere dans ce monde materiel. A la faveur de cette nouvelle clarté, il leur fait considerer l'essence de Dieu dans elle-même ; il leur découvre dans cette Divine essence, les idées de toutes choses, les veritez éternelles, & l'ordre immuable qui régle souverainement les volontez, & toute la conduite du premier des Etres. Ensuite, quand il les a rapportez sur cette terre que nous habitons, afin de rassûrer un peu leurs esprits étonnez de tant de merveilles si extraordinaires, qu'ils seroient tentez de prendre pour des songes ; il leur cite quantité de passages de Saint Augustin, pour leur persuader qu'il ne les conduit que par les routes que ce grand Docteur de l'Eglise lui a ouvertes. Pour moi, je vais tâcher d'ôter de dessus les yeux de ces Disciples abusez, ce charme qui leur fait prendre tant de chimeres, pour les plus belles choses du monde; & de montrer que jamais Saint Augustin n'a donné dans de telles visions. La Table des Chapitres apprendra plus en détail, la maniere dont je m'y prens.

TABLE DES CHAPITRES.

CHAP. I. De la nature de Dieu. I. Catéchisme des Malebranchistes sur la nature de Dieu. II. Réfléxion d'un Peripateticien, sur ce nouveau Catéchisme. III. Réfutation de la Doctrine qui y est contenuë.

CHAP. II. De la veuë de Dieu.

I. Ce que pense sur cela le Chef de la nouvelle Secte. II. Le bon sens réfute son opinion, & montre qu'elle n'est qu'une pure imagination. III. Cette opinion est manifestement contraire à l'Ecriture Sainte, aux décisions des Conciles, & à la créance des Fidelles. IV. Le P. M. tombe dans de perpetuelles contradictions, lorsqu'il veut, par des explications forcées, éviter les censures que merite sa Doctrine sur ce point.

CHAP. III. De la nature des Idées. I. Ce qu'il faut entendre par *Idée*. II. Les merveilleuses qualitez que l'Auteur donne aux Idées. III. Analyse de sa Doctrine sur cette matiere, en quatre articles. IV. Examen du premier article ; sçavoir, si les Idées sont des Etres ? Explication de cet axiôme ; *le néant n'a point de proprietez, ou, n'est point intelligible.* V. Examen du second article ; sçavoir, si les Idées sont des Etres réels ? VI. Examen du troisieme article ; sçavoir, si les Idées sont des Etres réels infinis, necessaires, éternels, & immuables ? VII. Examen du quatrième article ; sçavoir, si ces Etres ou ces Idées sont dans la substance de Dieu ? VIII. Réfléxion sur les absurditez où l'Auteur s'est engagé, pour avoir mal entendu ce que c'est qu'Etre intelligible.

CHAP. IV. De la veuë de toutes choses en Dieu. I. L'estime que fait l'Auteur du Malebranchisme, de ce point fondamental de sa Doctrine. II. Réfléxions préliminaires sur trois ou quatre contradictions, où nôtre Philosophe semble être tombé ; & dont l'éclaircissement sera utile pour mieux entendre la suite du Chapitre. III. Exposition plus particuliere de la nouvelle Doctrine, sur la veuë de toutes choses en Dieu : & le plan de nôtre Réfutation divisée en trois articles. IV. Article premier, où l'on montre combien petit est le nombre des idées qu'a nôtre esprit, de l'aveu même du nouveau Philosophe. V. Article second, où l'on prouve l'impossibilité qu'il y a que nous voïons en Dieu, le peu de choses dont nous avons les idées : en montrant la fausseté de ces deux propositions ; la premiere, *les créatures, même les plus terrestres, sont en Dieu* ; la seconde, *l'esprit peut voir ces créatures en Dieu*. VI. Réfutation de la premiere proposition. VII. Réfutation de la seconde proposition. VIII. Article troisiéme, où l'on réfute encore les raisons que l'Auteur apporte, pour prouver qu'effectivement nous voïons les créatures en Dieu. IX. Explication de la maniere dont l'ame se forme ses idées.

CHAP. V. De la cause occasionnelle de la présence des Idées. I. Exposition de la pensée du nouveau Philosophe. II. Fondement de cette Doctrine renversé par une contradiction manifeste de son Auteur. III. Cette même Doctrine réfutée par l'experience. IV. Inutilité d'un faux-fuïant que s'est ménagé nôtre Philosophe.

CHAP. VI. De l'efficace des Idées, & de la difference qui est entr'elles & les perceptions. I. La pensée du P. M. sur l'efficace des Idées. II. La difference qu'il met entre les Idées & les perceptions. III. Réfutation de toute cette Doctrine.

CHAP. VII. De la veuë des veritez necessaires, & de l'ordre immuable en Dieu. I. Exposition du sentiment Malebranchiste, qui seule en fait voir le ridicule. II. Réfutation de ce sentiment, quant aux veritez necessaires. III. Comment tous les hommes voïent également les veritez necessaires. IV. Réfutation du même sentiment, quant à l'ordre immuable. Contradiction de l'Auteur. v. Ce que c'est que la Loy naturelle.

Chap. VIII. De l'autorité de Saint Augustin. i. Quelle estime Saint Augustin faisoit de la Philosophie Platonicienne, & d'où lui étoit venuë cette estime. ii. Systéme de ce Pere sur la nature de la verité, & la connoissance que nous en avons. iii. Cette Doctrine de Saint Augustin n'a nullement été entenduë par le P. M. iv. Differences essentielles entre le sentiment de Saint Augustin, & les opinions Malbranchistes.

de Metaphysique. 11

CHAPITRE PREMIER.

De la nature de Dieu.

SI le nouveau Philosophe, aprés avoir volé jusqu'au trône de la Majesté Souveraine, jusqu'en présence de celui à qui seul appartient cette terre heureuse & immuable, où habitent les esprits : parlons plus clairement, & développons ce mysterieux langage, aprés avoir veu Dieu face à face, & contemplé à loisir la substance divine en elle-même ; ne nous aprenoit aprés cela, rien autre chose de la nature de cet Etre adorable, sinon qu'il est l'Etre infiniment parfait, l'Etre infini en tous sens & en toutes manieres ; je n'aurois garde de vouloir trouver à redire à ces notions, qui sont reçûës avec un égal respect de tous

E. 1. p. 37
E. 2. p. 40. p. 52.

A vj

12 *Réfut. d'un nouveau Syst.*

<small>Ci def-
fus 1.
part ch.
dernier.</small> les Philosophes, & de tous les Théologiens; je me contenterois de renvoïer le Lecteur à ce que j'ai dit dans la premiere Partie, de la maniere dont nous nous formons cette idée, & du sens que nôtre esprit y attache.

I. Mais le Chef de la nouvelle Secte, ne s'en tient pas là : cela seroit trop commun. Voicy donc le nouveau Catéchisme que ses Disciples doivent étudier; il paroîtra sans doute un peu different de celui que l'Eglise enseigne à ses Enfans.

PREMIERE DEMANDE.

<small>R.T 1.
l. 3. 2 p.
c. 7. p.
216
c. 8. p.
217
&c.
E. 2 p.
45. 46.
47.
R ib. &</small>
Qu'est-ce que Dieu?

Réponse. C'est l'Etre en général & indéterminé : l'Etre universel : l'Etre précisément.

II. DEMANDE.

Mais qu'entendez-vous par cet

Etre en général & indéterminé, cet Etre universel?

c. 6. p. 218.
E. 2 p. 55. 56. 57.

Réponse. J'entens cette idée vague & générale de l'Etre, dont nôtre esprit est necessairement plein dans le temps qu'il croit ne penser à rien : ou si vous voulez, cette idée vague de la cause en général, dont la présence ineffaçable est la source de toutes les abstractions déréglées de l'esprit, & de toutes les chiméres de la Philosophie ordinaire : ou enfin, pour m'expliquer encore davantage, Dieu ou l'Etre en général, est cette idée de la généralité même que nôtre esprit répand sur les idées confuses des choses particulieres qu'il imagine, pour s'en former par ce moïen, des idées générales ; telles que sont, par exemple, l'idée du cercle en général, aprés avoir veu trois ou quatre cercles particuliers : ou l'idée d'arbre en général, aprés avoir veu un pommier, un poirier, un prunier.

Ib. R. 2. 3. 2. p. c. 8. p. 227.

Ib. E. 2. p. 42. 43. 44. &c. p. 50. 51. &c.

III. DEMANDE.

N'avez-vous point tort de confondre l'Etre en général avec l'idée vague d'être, avec l'idée de la cause en général, avec l'idée de la généralité ?

Réponse. Ho non ; car l'être en général, est à lui-même son idée : Dieu & l'idée de Dieu ; ce n'est, ni ce ne peut être qu'une même chose : d'ailleurs Dieu, ou l'Etre, est seule la vraie cause de tout ce qui se fait au monde : enfin la généralité ne peut convenir aux créatures ; elle ne se trouve que dans l'Etre infini.

IV. DEMANDE.

Quoi, Dieu n'est-il pas un certain Etre déterminé & singulier ; comment donc le définissez-vous un Etre vague, en général, & indéterminé ?

Réponse. Dieu étant tout Etre, ou simplement l'Etre; l'on doit bien prendre garde de dire qu'il soit un tel être, un certain être, un être en particulier: Dieu renferme dans sa substance tous les êtres particuliers; car toutes les créatures ne sont que des participations imparfaites de l'Etre divin: donc il n'est pas lui-même un être particulier, un tel être; puisque tel être, un être particulier ne peut renfermer tous les êtres, cela ne convient qu'à l'Etre universel.

L. 4. c.
I L. p.
297.

E. 2. p.
43; 45.
&c.

R. T. I.
l. 5. c.
5. p.
346.

V. DEMANDE.

Comment concevez-vous que Dieu, *l'Etre universel*, renferme tous les êtres, & que les créatures ne sont que des *participations* de l'Etre divin?

Réponse. Je conçois que l'Etre universel renferme tous les êtres, de même que les sciences univer-

Ib.

selles renferment les sciences particulieres : & je comprens que les créatures sont des participations imparfaites de l'Etre divin, comme les idées particulieres sont des participations de l'idée générale de l'infini ; car comme nous n'aimons aucune chose que par l'amour necessaire que nous avons pour Dieu ; nous ne voïons aussi aucune chose, que par la connoissance naturelle que nous avons de Dieu ; & toutes les idées particulieres que nous avons des créatures, ne sont que des limitations de l'idée du Créateur, comme tous les mouvemens de la volonté pour les créatures, ne sont que des déterminations du mouvement d'amour que Dieu nous donne pour lui, entant qu'il est le bien vague, en général & indéterminé, le bien universel ; aussi bien que l'Etre universel & en général.

VI. Demande.

Si Dieu renferme dans sa substance tous les êtres particuliers, si les créatures ne sont que des participations de son Etre ; il s'ensuit que les créatures, font avec Dieu un *tout*, dont elles sont *parties*.

<small>R T. 1. l. 3. 2. p. c. 6. p. 218.</small>

Réponse. Oüi, Dieu est nôtre tout ; nous faisons avec lui un tout, si cela se peut dire ainsi, dont nous ne sommes qu'une partie infiniment petite. Oüi, nous sommes parties de Dieu, & faisons avec lui, un tout par une union bien plus étroite & bien plus essentielle, que celle que nous avons avec nôtre corps, avec qui nous pensons faire un tout, & que nous regardons comme partie de nous-mêmes : car l'union de l'ame avec son corps, n'est qu'accidentelle, au lieu que l'union de nôtre esprit à Dieu, est essentielle.

<small>1. 5. c. 5 p. 344. p. 345. &c.</small>

<small>R Préface.</small>

VII. Demande.

Dieu est donc nôtre tout, dans un sens bien different de celui que les Saints entendent, quand ils disent : Mon Dieu & mon tout, *Deus meus & omnia.*

R. T 1.
l. 5. c.
5 p.
347.

Réponse. Sans doute, car les gens de bien peuvent connoître Dieu par la Foy, sans sçavoir qu'il est leur *tout*, de la maniere dont les Philosophes peuvent l'entendre.

L'on n'ose quasi dire ce que cette Doctrine, sur la nature de Dieu, fait naître dans l'esprit ; parce qu'on est très-persuadé que le P. M. n'est point dans les sentimens où elle conduit naturellement. Je croirai plûtôt qu'il lui est échapé des expressions dont il ne voïoit pas assez les consequences, & des comparaisons fâcheuses qu'il n'avoit pas bien pénétrées ni approfondies. Je m'imagine, par exemple, que quand il a dit, que les créatures étoient des participations de l'Etre divin, comme les idées particulieres sont des participations de l'idée générale de l'infini : il ne faisoit pas réfléxion que selon lui cette idée générale de l'infini, c'est Dieu lui-même ; & ces idées particulieres, ne sont autre chose que l'essence de Dieu, manifestée à nos esprits avec certaines mesures, & jusqu'à certains degrez.

Peut être aussi que sa trop grande aversion pour les Péripatéticiens, à qui il ne sçauroit penser sans se mettre dans la plus grosse colere ; & le peu d'usage qu'il a de leur Ecole, auront été cause, qu'il confond mal-à-propos des notions que ces scolastiques, tout *ignorans* & *pitoïables* Philosophes qu'on les croit, lui auroient appris à démêler. Par exemple, un peu plus de connoissance de la fameuse question des universaux, auroit servi à l'Auteur pour l'empêcher d'adorer comme son Dieu, un être purement logique, qu'on appelle *ens ut sic*. Ce terme abstrait, ce chétif être, le plus maigre fruit des abstractions de l'esprit, ne lui eust pas tant fait de peur, ni pas tant imprimé de respect, lorsqu'il l'a rencontré dans la region enchantée des Méditatifs. Il ne lui eust jamais parû la plus grande beauté du monde intelligible, ni lé mets le plus délicieux que puissent goûter les intelligences. C'est icy qu'on pourroit appliquer à ce Philosophe ce qu'il dit quelque part avec moins de fondement des Philosophes de l'Ecole ; sçavoir, qu'il ressemble à ces petits enfans qui ont peur & s'épouvantent à la veuë d'un marmouset qu'ils ont eux-mêmes barboüillé.

E. 1. & 2.

II. Parlons maintenant aussi sérieusement que le demande l'impor-

de Metaphysique. 21

tance de la matiere. De deux monstres d'impieté, que ces derniers temps ont eu le malheur de voir s'élever contre Dieu, Hobbes, & Spinosa, chefs infames d'Athéïsme; le premier suivant Epicure, a prétendu que tout étoit matiere; le second, fort instruit de la Philosophie Cartésienne, a enseigné que Dieu étoit *l'Etre*, que la pensée & l'étenduë étoient ses premiers attributs; que les corps ou les differentes portions d'étenduë, & les esprits ou les differentes pensées, n'étoient que des modifications de chacun de ces attributs.

Je sçai qu'on auroit grand tort de confondre la Doctrine du P. M. avec celle de Hobbes. On ne peut imputer à nôtre Auteur qu'il ne reconnoisse au monde que de la matiere; on le soupçonneroit avec plus de vrai-semblance, de ne tenir que de purs esprits, puisqu'il assûre sou-

V. le 1. Ch. de la 3. partie n. IV.

vant, & tâche de démontrer, qu'on n'a nulle évidence qu'il existe des corps. Il dit même qu'il est peu important de le sçavoir : cela signifie beaucoup dans la bouche d'un homme qui établit ailleurs, " que
" la verité ne se trouve presque ja-
" mais qu'avec l'évidence, que
" c'est un grand hazard qu'on ne se
" trompe pas, quand on consent à
" ce qu'on ne voit pas évidem-
" ment. En effet, puisque selon lui, nôtre esprit n'est immédiatement & à proprement parler, uni qu'à un corps intelligible, c'est-à-dire, à une portion intelligible de l'étenduë intelligible, intelligiblement organisée ; corps intelligible dont la mort ne nous separe point : on peut dans son systéme, se passer aisément de matiere & de corps physiques. Le P. M. est donc bien éloigné de l'impieté de Hobbes.

Il se distingue aussi du malheureux Spinosa ; car il traite d'impie

R. T. 1.
l. 1. c.
2. p. 10.
c. 20. p.
79.

& de méchant esprit, cet insensé, qui se regardoit comme une partie ou une modification particuliere de la divinité. De plus, Spinosa nioit la création possible ; au contraire, nôtre Auteur, non-seulement la tient possible, mais même il prouve sa necessité.

M. 9. p. 195.

Néanmoins, si un Philosophe Péripateticien du nombre de ces petits esprits, de ces esprits timides que la nouveauté effraïe, sur tout dans les choses qui ont rapport à la Religion & au point capital de la Religion, s'avisoit de faire ce raisonnement dans son stile impoli de l'Ecole. Il y a deux especes de *Tous* & de *parties* ; un tout qu'on appelle *actuel*, qui résulte de l'union de plusieurs parties, lesquelles pour cette raison, se nomment aussi parties *actuelles* ou composantes ; ainsi le tout que nous appellons, *homme*, résulte de l'union de l'ame & du corps,

R.T. 1. l. 4. c. 31. p. 262.

les deux parties qui la composent actuellement. Il y un autre *tout*, qui contient ou renferme seulement en *puissance* & comme sous soi, les choses dans lesquelles il se résout, & qui pour cela est nommé un tout *potentiel*, comme ses parties, par la même raison, sont appellées parties *potentielles* ou *subjectives* ; ainsi un genre contient ou renferme sous soi, ou en puissance, plusieurs *especes* ; une espece plusieurs *individus* : par exemple, le terme ou l'idée d'animal est un tout *potentiel* à l'égard des especes, d'Homme, de Lion, de Cheval, d'Oyseau, de Poisson, &c. Le terme ou l'idée d'homme est encore un tout *potentiel* à l'égard des individus, Pierre, Jean, Jacques, &c. Il ne peut y avoir de *tout*, qui ne revienne à l'une de ces deux sortes ; comme il ne peut y avoir de vraies parties qui ne se rapportent à l'une de

de Metaphysique. 25

de ces deux especes.

Or le P. M. assûre que Dieu est un *tout*, dont nous sommes des *parties* infiniment petites ; & il prend ces mots dans un sens propre, & tel que les Philosophes de sa secte peuvent l'entendre, non pas dans celui qu'ont de saintes Ames, qui, pleines de foy & de charité, disent que Dieu est leur Tout, pour signifier qu'elles ne souhaitent rien hors de lui, qu'elles l'estiment & qu'elles l'aiment uniquement, qu'elles ne veulent plaire qu'à lui seul.

Donc ce Philosophe tient & enseigne que Dieu est à l'égard des autres êtres, ou un tout *actuel*, ou un tout *potentiel* ; & que les autres êtres, sont par rapport à Dieu des parties, ou *actuelles* & *composantes*, ou *potentielles* & *subjectives*.

Mais il ne paroît pas admettre que le mot de Dieu, signifie un tout actuel, ni que les êtres particuliers soient des parties actuelles & composantes à l'égard de Dieu ; car il se sert plus souvent, en parlant des êtres particuliers, du terme de *participations*, que de celui de *parties* : & d'ailleurs son Catéchisme s'entend beaucoup mieux dans la supposition d'un tout *potentiel*, qu'on appelle Dieu ; & d'êtres particuliers qui ne soient que parties *subjectives* de ce Tout : Enfin, cette supposition donne beaucoup de jour pour entendre & accorder tout le nouveau systéme. Voilà donc, continuëra le Disciple d'Aristote, le plan que je me fais de la Métaphysique du P. M. par rapport à la nature de Dieu.

10. Par ce mot, *Dieu*, il faut entendre cette idée vague & générale d'Etre abstrait, cette idée de la généralité qui se trouve renfermée dans toutes les connoissances que nous avons de quelque chose

que ce puisse être ; parce qu'*Etre* est comme la base & le fondement de toute proprieté : rien ne peut être connu, rien ne peut agir ou patir ; qu'entant qu'il *est* : le néant n'a point de proprietez ; c'est-là, dit-on, le fondement des sciences ; ainsi, *être*, est la premiere perfection & le soutien de toute réalité : corps suppose *être* ; esprit suppose *être* ; figuré, mû, fini, infini, supposent *être* ; connoissant, voulant, bon, sage, puissant, ou bonté, sagesse, puissance, &c. supposent *être*. C'est donc cette idée d'Etre précis, ou pris absolument, sans penser s'il est fini ou infini, sans penser à tel ou tel être qu'on doit nommer, Dieu.

E. 1. N 8. &

R. T. Y.
1. 3. 2.
p. c. 6.
p. 218.
c. 8. p.
216.

2°. Cet être vague & en général, cet être indéterminé, cet être tout court ; est l'idée de l'être sans restriction, de l'être infini : ce n'est point l'idée des créatures, c'est-à-dire, des êtres particuliers, à qui

E. 2. p.
45. 46.

B ij

l'on donne le nom de créatures ;
ce n'est point là l'essence qui leur
convient : mais c'est l'idée de la Divinité ou de l'essence qui convient
à la Divinté. Tous les êtres particuliers participent à l'être ; mais
nul être particulier ne l'égale. L'être renferme toutes choses ; mais
tous les êtres particuliers créez &
possibles, avec toute leur multiplicité, ne peuvent remplir la vaste étenduë de l'*Etre*, qui par consequent est infiniment infini, infini
en toutes manieres.

3°. Cet Etre, ou cet infini en
tous sens, ce Dieu n'est pas visible
par une idée distinguée de lui ; il
est à lui-même son idée ; il n'a point
d'archétype. Ainsi l'idée de l'Etre
en général, de l'Etre vague & abstrait, de la généralité même ; &
ce que l'on appelle *Dieu*, dans le
systéme du P. M. c'est la même
chose.

4°. Ce Dieu, cette idée d'être vague & abstrait, renferme toute réalité ; puisque toute réalité est, *Etre* ; il renferme tout être particulier existant ou possible ; puisque rien n'est en particulier qu'entant qu'il est un tel être : il renferme toute perfection, puisqu'il est la perfection en général : il renferme tous les esprits, tous tous les corps, toutes les modalitez des esprits & des corps ; puisque les esprits, les corps, & les modalitez des uns & des autres, sont des Etres : il renferme tout ; puisque tout se réduit à Etre, & maniere d'être. Mais il renferme toutes ces choses, non comme parties actuelles, à l'égard desquelles il soit un tout actuel, ainsi que l'a faussement pensé Spinosa ; mais il les renferme comme parties subjectives, entant qu'il est genre suprême à l'égard de tout être particulier : de la même maniere que l'idée générique du cercle, renferme tel & tel cercle déterminé ; & l'idée générique d'animal, renferme Homme, Lion, Cheval, &c. celle d'*Homme*, renferme Pierre, Jean, Jacques. Car, qui dit cercle en général, comprend tous les cercles particuliers, exiſtans & poſſibles : qui dit animal en général, dit Homme, Cheval, Lion ; & qui dit Homme en général, enveloppe Pierre, Jean, Jacques, &c. & c'eſt ce que l'Auteur explique lui-même aſſez nettement, par la comparaiſon des ſciences univerſelles, en diſant, que l'être ſon Dieu, renferme les êtres particuliers ; comme les ſciences univerſelles renferment les ſciences particulieres : car chacun ſçait que les ſciences univerſelles ne renferment les particulieres, qu'entant que celles-là ſont formées d'idées générales ou univerſelles, qui renferment toutes les idées particulieres de même genre ou de même eſpece ; &

composées de veritez ou de propositions évidentes très-générales, qui renferment des propositions particulieres qu'on en tire en détail, par rapport aux objets singuliers des sciences particulieres.

5°. On conçoit encore facilement, que tout ce qui s'appelle les créatures, c'est-à-dire, que les êtres particuliers, ne sont que des participations de l'Etre-Dieu; puisqu'ils sont eux-mêmes des êtres : mais participations imparfaites ; car ils ne sont que tels êtres, déterminez & bornez : ils participent à l'être en général, comme un triangle de telle hauteur participe au triangle en général, parce qu'il en a l'essence, mais bornée & déterminée de telle maniere.

6°. L'on entend bien aussi comment toutes les idées particulieres sont des limitations, des déterminations, des modifications de l'idée générale de cet infini vague, de cet Etre-Dieu : puisque ces idées particulieres ne font que limiter & modifier cette idée générale, & la déterminer à tel ou tel être, en y ajoûtant quelque terme qui la borne & la fixe ; comme quand on dit, être *pensant*, être *étendu* ; ces termes, *pensant*, & *étendu*, modifient & déterminent celui d'*être*. Et c'est ce que nous marque fort distinctement le feinteur de ce beau systéme, par la comparaison qu'il fait des idées particulieres, avec les mouvemens de la volonté vers les créatures : car selon lui, la volonté n'est autre chose, que le mouvement necessaire, par lequel nous sommes continuellement portez vers le bien en général ; & les mouvemens particuliers qui nous portent à quelque bien particulier, sont des déterminations & des modifications de ce mouvement necessaire.

On conçoit enfin par là, comment nous voïons tout en Dieu, par la

R.T. 1
l. 3 2.
p. r. 6.
p 219
c. 7 *p*.
222.

manifestation qui est faite à nos esprits de la divine essence, laquelle se découvre, dit-on, selon les differens rapports dont elle est capable à l'infini.

7°. Il n'est plus difficile de trouver la raison pourquoi le P. M. aime à dire simplement, que les êtres particuliers sont des *participations*, des *limitations* de l'être universel; sans ajoûter qu'ils ne participent à l'être universel, à l'Etre Dieu, que par pure ressemblance, *secundum aliquem modum similitudinis*, comme ajoûte Saint Thomas, dans le passage cité de lui au Chapitre 11. du Livre 4. de la Recherche ; & pourquoi cependant ce mot de *ressemblance*, ne lui a pas non plus beaucoup coûté à ajoûter dans quelques endroits, pour faire cesser les reproches qu'on lui avoit fait : car il peut dire que les êtres particuliers, ressemblent à l'être en général en ce sens, que lui & eux sont *êtres*; quoique eux soient seulement *êtres* de telle maniere.

8°. Il n'a pas dû non plus se faire scrupule d'appeller les êtres particuliers, parties de Dieu; & Dieu, un tout : malgré le mot de *participations* & de *participabilité* de l'essence divine, qui lui sont plus familiers : parce que ces êtres particuliers sont effectivement des parties *subjectives* de ce Tout *potentiel*.

9°. Il peut même dire que les créatures ou les êtres particuliers, sont fort distinguez de Dieu, quoiqu'ils en soient des participations ou des parties subjectives : parce que l'idée d'Etre en général, est conçuë comme fort differente de l'idée de tel être, d'un corps, par exemple.

10°. On ne s'étonne plus que l'Auteur ait prétendu que nous ne pouvions connoître aucune chose, que par la connoissance naturelle que nous avons de Dieu : que nous ne pouvions connoître le fini, qu'au préalable nous ne connussions l'infini ; car, puisque Dieu & l'infini ne sont que l'Etre vague, il est clair que nous ne sçaurions penser à rien de réel, que nous ne pensions à l'être ; puisque toute réalité suppose & renferme l'être.

110. Il s'ensuit encore naturellement que nous avons, quoique d'une maniere fort confuse, les idées de toutes choses présentes dans Dieu ; que c'est dans lui que nous voïons les nombres, l'étenduë, & tous les corps avec leurs proprietez : car les nombres, l'étenduë, & tous les corps & leurs proprietez, & tout ce qu'on peut connoître, étant quelque chose, tout cela est compris dans l'Etre vague & en général. Ainsi nous voïons tous les êtres particuliers & tous leurs rapports, en voïant l'Etre ;

16 p.
118 &
c. 7 p.
226.

de la même maniere, que nous voïons en quelque sorte, toutes les especes particulieres d'animaux, dans l'idée générale d'animal : & tous les cercles possibles, dans l'idée de la figure bornée par une seule ligne, dont tous les points soient également distans d'un commun centre.

12°. Que nous voïons Dieu immédiatement & d'une veuë directe : car l'idée d'être est immédiatement présente à nôtre esprit, elle termine directement nôtre perception. Et cette idée est inséparable de l'esprit, parce que l'esprit étant, selon le même systéme, une pure perception entierement passive, il faut nécessairement qu'il soit incessamment affecté, afin qu'il subsiste : or quoi que ce soit qui l'affecte, c'est toûjours l'*être*.

ci-aprés Ch. 1.

13°. Que nôtre volonté, ou le mouvement naturel de l'esprit vers le bien en général, est un mouve-

ment qui tend toûjours, & nécessairement à Dieu ; car le bien est
être.

14°. Que Dieu seul a la puissance d'agir, & ne peut la communiquer aux créatures ; car, *agir*, est une propriété de l'être, *agir*, c'est être : *agir*, ne convient qu'à l'être entant qu'être, & non entant que borné ou imparfait ; la borne & l'imperfection n'étant rien & ne pouvant rien : ainsi les créatures ou êtres particuliers, n'agissent point entant que créatures, entant qu'êtres imparfaits ; mais c'est l'être seul qui fait tout en toutes choses, l'action ne peut s'attribuer qu'à l'être. Ces termes vagues de nature, de formes, de qualitez, de facultez, de puissances, &c. ne signifient dans la verité rien que l'*être*.

15°. Que quoique les idées soient des êtres réels & differens entr'eux, & qu'elles soient toutes en Dieu

38 *Réfut. d'un nouveau Syst.*

& c. 6
& 7. p.
212
223.
néanmoins Dieu, ou l'être vague, n'est pas plus composé que l'idée d'une figure bornée par trois lignes, quoique tous les triangles possibles soient compris dans cette idée, & different entr'eux.

16°. Que c'est dans Dieu que nous voïons toutes les veritez, tant speculatives, que pratiques, & par

ci après
Ch. 7
consequent l'ordre immuable : car toutes ces veritez étant des rapports, les uns d'idées à idées, les autres de perfections à perfections; elles sont réellement identifiées à ces idées & à ces perfections : & tant les idées, que les perfections,

R.T 1
l. 5 c. 5.
p. 342.
p. 343.
sont l'*être*. Ainsi, Dieu ou l'Etre, est l'ordre même & la verité : connoître la verité, c'est connoître Dieu; aimer la verité, c'est aimer Dieu.

17°. Que l'application à la Metaphysique & aux Mathematiques,

kb. p.
346.
est l'application de l'esprit à Dieu, la plus pure & la plus parfaite dont

de Metaphysique.

on soit naturellement capable.

18°. Que les idées affectent par elles-mêmes, modifient par leur efficace propre, & éclairent l'ame ; qu'elles la touchent, l'animent, & la rendent heureuse ou malheureuse : parce que ces idées ne sont que l'*être* apperçû avec certaines bornes & certaines modifications.

R. T. 12 l. 3. 2. p. 1. 6. p 218. l 4 c. 1 i. p. 29. & p. 302. T 2. p. 160 162. Rép. à M. Regis. ci-aprés Ch. 6.

19°. Que l'union de nôtre ame avec Dieu, est bien plus étroite & bien plus essentielle, que celle que nous avons avec nôtre corps. Cette pensée, qui fait le fond de la Preface de la Recherche, & qui est un des principaux articles de la créance Malebranchiste, a sans doute de quoi paroître d'abord fort extraordinaire : car enfin, tous les hommes sont fort persuadez, & le doivent être, que l'union de leur ame avec leur corps, est une union substantielle, qui fait de ces deux parties un tout *substantiel* que cette union, par conséquent, est la plus étroite qui puisse être. Comment donc cette autre union de nôtre ame avec Dieu, est-elle plus étroite que celle-cy ? Comment nôtre ame, en vertu de cette seconde union, fait-elle plus, selon le P. M. un *tout* avec Dieu, qu'avec son corps ? Il faut pour cela qu'elle soit unie avec Dieu, plus que substantiellement ; or nous ne concevons au de-là de l'union substantielle, que l'unité même. Voilà certainement un dogme bien difficile à entendre.

Mais il semble que le plan que nous venons de faire du systeme Malebranchiste, (c'est toûjours le Philosophe Péripateticien qui parle,) développe le mysterieux sens de ce Dogme. Dieu étant l'Etre en général, & nôtre ame un être particulier, un tel être ; on comprend que l'être de nôtre ame n'est pas plus distingué de l'être de Dieu, que l'essence d'un cercle particulier est distinguée de l'essence du cercle en général ; que la nature humaine de tel homme, est distinguée de la nature humaine en général. On comprend encore que nôtre ame & nôtre corps, avec qui nous *pensons* faire un *tout*, sont aussi distinguez entr'eux que deux individus d'une même espece, entre lesquels il ne peut y avoir qu'une union *accidentelle*: au lieu que nôtre ame n'étant pas plus distinguée de Dieu, qu'un individu l'est de sa nature spécifique, Dieu est veritablement nôtre *tout* d'une maniere que les seuls Philosophes Malebranchistes peuvent entendre, & très-differente de celle que les gens de bien entendent ; puisqu'il est autant un *tout* à nôtre égard, que le genre est un tout à l'égard de ses especes, ou l'espece à l'égard de ses individus.

Et qu'on ne dise point, ajoûta

le Péripateticien, que l'Auteur du nouveau systeme, quand il assûre que l'union de nôtre ame avec Dieu, est plus essentielle que son union avec le corps que nous pensons avoir, n'entend autre chose, sinon que Dieu pourroit créer nôtre ame sans l'unir à un corps; au lieu qu'il n'a pû la créer, qu'elle ne connût l'*être* vague & qu'elle n'aimât le bien en général, qui est Dieu lui-même. Car je réponds à cela, qu'on n'a jamais comparé l'union substantielle du corps & de l'ame, avec cette autre espece d'union qu'on conçoit entre une faculté & son objet, entre l'œil, par exemple, & le soleil ; qu'on n'a jamais dû dire que cette seconde union fût plus *étroite* que la premiere ; qu'on n'a pas non plus jamais imaginé qu'une faculté fît un *tout* avec son objet, que l'œil fît un *tout* avec le soleil, quand il le regarde : & si l'on dit dans un sens moral, que deux personnes qui s'entr'aiment ne font qu'un ; on est bien éloigné de vouloir dire qu'ils fassent un *tout*, de la nature de celui que font le corps & l'ame. Mais sur tout, on ne peut avancer en aucun sens, qui soit supportable ou excusable, que la faculté soit une *partie* de son objet : ainsi, si le P. M. par l'union de nôtre ame avec Dieu, n'a entendu que le rapport qu'elle a entant que connoissante, avec Dieu entant que connû ; il n'a point pû prétendre, que nôtre ame en vertu de cette union ou de ce rapport, fît tellement un *tout* avec Dieu, qu'elle fût une *partie* de ce *tout*, une *partie* de *Dieu*.

Ce Péripateticien ne finiroit point si on lui laissoit faire un aussi long détail qu'il le souhaiteroit, & réduire à son idée du systeme Malebranchiste, tout ce que nous avons déja vû dans la premiere

Partie, & tout ce que nous verrons dans celle-cy & dans la troisiéme, des opinions du P. M. Il va jusqu'à s'imaginer qu'il trouve dans le plan qu'il s'est formé de la nouvelle Doctrine, une Trinité toute extraordinaire, & de l'invention de l'Auteur. Le Pere, dit-il, sera l'être consideré absolument & précisément dans sa simplicité. Le Fils, ou le Verbe, sera l'être entant qu'il renferme tous les êtres particuliers ; ou l'être consideré par rapport aux modifications infiniment infinies, dont il est susceptible. Le Saint Esprit sera l'être, entant qu'on lui attribuë toute l'action & le mouvement qui est dans les créatures. Par là, on concevra aisément ce qu'enseigne le nouveau Docteur ; *ci-aprés Ch. 2.* sçavoir, qu'a proprement parler, nous ne voïons pas Dieu selon son être absolu ; parce qu'il n'est gueres possible que nous pensions à l'*être*, sans le rapporter à quelque être particulier : que c'est le Verbe qui nous éclaire, ou la substance de Dieu, entant que relative aux créatures & participable par elles. Enfin, que c'est par son esprit que Dieu nous meut & nous pousse incessamment vers lui. » Demeurons dans ce sentiment, dit le P. M. que Dieu « est le monde intelligible, ou le « lieu des esprits ; comme le mon- « de materiel est le lieu des corps : « que c'est de sa puissance qu'ils « reçoivent toutes leurs modifica- « tions (voilà le Pere) que c'est « dans la sagesse qu'ils trouvent « toutes leurs idées (voilà le Fils, « le Verbe) & que c'est par son « amour qu'ils sont agitez de tous « leurs mouvemens reglez (voilà « le Saint Esprit.) «

R.T.
l. 3. 2.
p. c. 6.
p. 242.

Enfin, si l'on veut faire entendre à ce fâcheux Scolastique que tout ce qu'il attribuë au P. M. n'est guéres probable ; puisque cet Auteur parle par tout de Dieu comme d'une substance, & d'une substance intelligente, & infiniment sage : qu'il assûre que Dieu a créé par sa volonté, tous les êtres particuliers, esprits & corps ; qu'il s'est passé une éternité avant que le monde existât hors de Dieu. Si on lui objecte tant de beaux principes de morale, qui supposent dans l'homme une vraïe liberté pour servir l'être suprême ; & dans cet être une Providence éternelle qui prépare des récompenses à la vertu, & des châtimens au vice. Si on lui oppose cette belle Théologie, que le Verbe lui-même a dictée à nôtre Philosophe, & qui est si magnifiquement développée dans les Meditations & les Conversations Chrétiennes, & dans le traité de la Nature & de la Grace, &c. Il dit à tout cela, qu'il a étudié & combiné autant que personne, les Dogmes de la nouvelle

Théologie, & qu'il a trouvé que sous les beaux noms de Sagesse éternelle, de Raison incréée, d'Ordre immuable, l'Auteur n'admettoit qu'un destin, dont la fatalité étoit la cause unique & necessaire de tout ce qui se passe, ou semble se passer dans le monde; que si l'on y prend garde de près, la Religion même n'est, selon le nouveau systeme, qu'un composé de certains évenemens, qui ne sont tous que des suites necessaires de cette aveugle fatalité; que ces prodiges qui se lisent dans l'Ancien & le Nouveau Testament, & qu'on appelle Miracles, ne sont, selon l'Auteur, que des effets fort naturels d'une certaine méchanique universelle, dont nous ignorons plusieurs ressorts. Que pour les mots de liberté, de vertu, de mérite, de peché, de récompense & de châtimens ; ce ne sont, chez nôtre Philosophe, que des

V. la 3. part de cet Ouvrage.

V. C. 6. d. 1. p.

termes vuides de sens, qu'il affecte de faire sonner bien haut, pour mieux donner le change.

III. Pour moi, je proteste que je ne pense point du tout, que le P. M. soit dans des sentimens si impies & si extravagans; je me ferois même un gros scrupule d'en avoir le moindre soupçon, aïant l'honneur de le connoître pour un fort homme de bien : je suis de plus persuadé que la seule lecture de ses Ouvrages, suffit pour empêcher tout homme sensé de porter de tels jugemens. Je prie donc le Lecteur d'être persuadé que si j'ai rapporté un peu au long ces fâcheuses conclusions, que quelques personnes ont tirées ou pouvoient tirer des expressions du P. M. ce n'a point été que je le crusse dans ces monstrueuses erreurs; mais ç'a uniquement été pour faire voir la fausseté & l'inconsequence de ses nouvelles opinions sur la Metaphysique,

V. R. T. 2. p. 175. 176. Rép. à M. Regis.

que, & le danger où s'expose un homme qui s'entête d'idées extraordinaires. Il n'ignore pas, que ses Livres ont scandalisé bien des personnes, qu'ils ont fait parler le monde d'une maniere qui ne lui fait pas honneur, & il a parû ne s'en pas mettre fort en peine ; c'est ce qui m'a engagé à développer un peu au long les horribles consequences qu'on pourroit tirer de ses opinions, afin de lui faire voir à lui-même & à tous ses Disciples, que ce n'est pas sans quelque fondement, que bien des personnes sont fort choquées contre leurs sentimens.

En effet, pour parler maintenant en mon nom, & dire ce que je pense ; c'est une erreur pitoïable de soûtenir que Dieu soit l'être vague & en général, & cet être indéterminé, cet être abstrait, auquel on pense quand on ne sçait à quoi l'on pense. Je m'assûre que tout homme de bonne foy, qui voudra rentrer en lui-même, conviendra que cette idée vague & générale ne lui represente rien de réel, rien qui puisse exister par soi-même ; mais qu'elle lui fait seulement appercevoir, d'une maniere très-confuse, une certaine premiere perfection que l'esprit suppose naturellement être commune à tout ce qui existe, ou qui peut exister dans l'univers ; car, disons-nous, il faut être avant que d'être quelque chose que ce soit. Ce mot d'*être*, si l'on n'y joint pas quelque autre terme qui le détermine, ne reveille certainement rien qu'un leger & sombre phantôme dans la pointe de l'imagination ; & si l'on veut par l'esprit pur & par la raison, y concevoir quelque chose, on connoît bien-tôt par l'embarras où l'on se trouve lorsqu'il s'agit de s'en expliquer, qu'on ne conçoit rien de distinct :

car on est réduit à dire, qu'être, c'est ce qui n'est pas rien. Il s'en faut donc beaucoup que cette idée creuse soit l'objet le plus solide & le plus réel que l'esprit voïe ; qu'elle soit une substance immense & infinie, qui renferme toutes les réalitez de tous les êtres particuliers, existans ou possibles ; qu'elle soit Dieu, Pere, Fils, & Saint Esprit. Je m'étonne qu'un homme aussi éclairé que le P. M. semble ignorer que Dieu est un être très-particulier, très singulier ; un esprit & une substance individuë, & infiniment distinguée de tout autre esprit & de tout autre substance ; une nature & une essence très-déterminée, quoique communicable toute entiere à chacune des trois Personnes.

C'est encore une maniere de parler scandaleuse, & qui ne peut souffrir aucune bonne interpretation, que de dire que nous sommes parties de Dieu, & que Dieu est nôtre tout dans un certain sens inconnu aux gens de bien, qui ne connoissent Dieu que par la Foy, & connu des seuls Philosophes. Quand Saint Thomas & quelques Docteurs Catholiques ont dit que Dieu, en connoissant son essence & les differentes manieres dont elle pouvoit être limitée au dehors, & imitée par des créatures, connoissoit la possibilité de ces créatures; quand ils ont dit que les créatures étoient des participations par imitation, & par ressemblance de l'être Divin : ils n'ont eu garde de croire qu'on pust dire pour cela, que la créature fust une partie de Dieu, & que Dieu fust un tout proprement dit, comme le P. M. le donne à entendre. Ils n'ont rien voulu dire autre chose, sinon que Dieu par la connoissance parfaite qu'il a de sa toute-puissance, a veu de toute éternité toutes les especes de créatures qu'il pouvoit produire : & que ces créatures peuvent être appellées en un sens des imitations, des participations par ressemblance de l'être Divin ; parce qu'elles sont, & que Dieu est ; parce que tout ce qu'il y a de perfection & de réalité dans elles, se trouve éminemment dans Dieu, qui n'a nulle imperfection : à-peu-près comme qui diroit qu'un particulier qui a 10000 livres de rente, ressemble à un Roy puissant qui a deux cens millions de revenu ; parce que le particulier est riche par rapport à son état, comme le Roy par rapport au sien : ou qu'une personne d'une médiocre beauté, ressemble par quelques traits & jusqu'à certain point, à une personne d'une beauté parfaite & accomplie. Mais certainement la pensée de ces Docteurs, lorsqu'ils se sont servi de ces expressions, n'a point été celle du

P. M. ils n'y ont point attaché le même sens qu'y attache l'Auteur : & il ne faut pour le démontrer, que faire réflexion que s'ils eussent été dans les sentimens de nôtre Métaphysicien, s'ils les eussent crû veritables, & *d'une extrême importance pour la Religion*, comme l'Auteur s'imagine qu'ils le sont; ils n'auroient pas manqué de tirer de ce principe, les mêmes conclusions qu'il en a tirées, & de nous enseigner dans leurs Ouvrages, cette sublime Doctrine que les Théologiens les plus habiles & les mieux versez dans la lecture de Saint Thomas, regardent comme très-nouvelle & fort extraordinaire, quand ils lisent les livres du P. M. Non-seulement la pensée de Saint Thomas n'a jamais été celle de l'Auteur de la nouvelle Métaphysique ; mais ce Saint Docteur étoit d'un esprit trop solide, pour qu'une telle pensée pust même lui venir : il sçavoit trop bien qu'un être particulier ne participe pas plus, qu'il participe même encore moins, en prenant ce mot dans son sens propre, à l'être divin; qu'il ne participe à l'être d'une autre créature : par exemple, un bloc de marbre détaché de la carriere ne participe pas plus à l'être de Dieu, qu'à l'être de la masse de la terre ; il participe même beaucoup plus à l'être de la masse terrestre, quoiqu'il en soit tout-à-fait séparé ; car il n'en differe, selon le nouveau systéme, que par un arrangement de parties fort accidentel à sa matiere ; au lieu qu'il n'a presque nulle veritable ressemblance avec Dieu. Un esprit même ressembleroit plus précisément par son être, à un corps, qu'à Dieu ; car cet esprit ne peut être dit ressembler à Dieu par son être, que parce qu'il est, & que Dieu est aussi ; or le corps *est* pareillement,

& est un être plus approchant de l'être spirituel créé, que l'être d'un esprit créé n'approche de l'être divin. C'est donc un pur galimatias, que de dire cruëment & sans s'expliquer, que les êtres créés ressemblent jusqu'à certain point à l'être de Dieu ; qu'ils en sont des participations limitées & bornées ; encore bien pis, qu'ils en sont des *parties*, & que Dieu est leur *Tout*. Il est seulement vrai de dire, que l'homme porte l'image de Dieu dans ses facultez ; puisqu'il peut connoître la verité, aimer le vraibien, & être Saint comme Dieu est Saint, quoique d'une sainteté infiniment inferieure à la sainteté de Dieu ; & que toutes les créatures sont des participations de Dieu dans ce sens fort impropre, qu'elles sont sorties, pour ainsi dire, des mains de Dieu, qu'elles ont été produites & sont conservées par sa puissance, & qu'elles n'ont aucune perfection qui ne soit éminemment en Dieu.

En finissant ce Chapitre, mes yeux sont tombez sur un endroit de la Recherche, qui seroit capable de fournir encore bien des réfléxions au Péripateticien, qui en a déja tant fait. Là le P. M. parle ainsi de ceux qui ne veulent pas apprendre de lui à consulter la verité : » Ils aiment mieux, dit-il, entendre ces Philosophes qui ne « racontent que leurs visions & « leurs songes, & qui assûrent com- « me les faux Prophêtes, que la « verité leur a parlé, lorsque la ve- « rité ne leur a point parlé ; que « d'entendre la verité même. Il y « a plus de quatre mille ans, que « l'orgüeil humain leur débite des « mensonges, sans qu'ils s'y oppo- « sent : ils les respectent même & « les conservent comme des tra- « ditions Saintes & Divines : il « semble que le Dieu de la verité «

R. T. I.
l. 5. c. 7.
p. 358.

" ne soit plus avec eux, &c. Certes il faut croire que le P. M. est bien de bonne foy dans tout ce qu'il nous débite de la nature de son Dieu, *l'être vague*; puisqu'il a écrit ce que nous venons de citer, sans apparemment qu'il lui soit venu en pensée de craindre l'application, qu'il est si naturel de lui en faire. Il faut ne se connoître guéres, pour se peindre si fort d'après nature, sans s'en appercevoir.

Chapitre II.

De la veuë de Dieu.

SI j'étois persuadé que le P. M. eust, par rapport à la nature de Dieu, les détestables sentimens que le Péripateticien du Chapitre précedent lui impute; je ne m'aviserois pas de perdre plus de temps à examiner ses opinions, je finirois mon Ouvrage; car il ne conviendroit plus de traiter en quelque sorte, avec un homme dont toutes les paroles seroient, ou un langage hypocrite, affecté pour tromper ses Lecteurs; ou des piéges tendus aux esprits trop curieux, pour les faire tomber dans le plus affreux libertinage. Mais étant convaincu que ce seroit faire un jugement très-faux, & tout à-fait injuste, que d'avoir ces pensées de nôtre Auteur; je continuërai d'agir avec lui comme avec une personne dont la probité & la Religion ne me sont nullement suspectes, dont j'honore & le merite & la vertu, & qui, malgré certains tours extraordinaires dont il imagine les choses, malgré les faux principes dont il s'entête, malgré les dangereuses consequences qu'il donne sujet de tirer de sa Doctrine; a néanmoins l'esprit & le cœur soûmis à la Foy, & ne refuseroit pas de souscrire à sa propre condamnation, s'il pouvoit voir que ce qu'il enseigne ne s'accorde, ni avec la droite raison, ni avec la Doctrine de l'Eglise & la croïance des Fidéles.

I.   Nôtre Philosophe s'explique un peu diversement sur ce point de sa Métaphysique, qui regarde la veuë de Dieu. Tantôt la forte persuasion où il est, que ses profondes méditations ne lui ont rien appris de nouveau, qui ne fust très-évident & conforme aux réponses du Souverain Maître, lui fait dire ingenuëment & sans détours, ce qu'il pense : tantôt une secrette apprehension qui le saisit à l'aspect de tant de propositions, qui ont de quoi effaroucher quiconque n'a pas droit de bourgeoisie dans le monde intelligible, l'oblige à modifier ces propositions, en y apportant des temperamens qui puissent ser-

R. T I. Préface p. 11. 12.

de Metaphysique. 61

vir à apprivoiser les esprits, & lui donner à lui-même, moïen de faire retraite en cas d'attaque.

Voicy comme il exprime ses vrais sentimens, lorsque bien échauffé par les ardeurs du Soleil qui éclaire les esprits, il s'abandonne à son zele, & parle de l'abondance du cœur.

Il n'y a que Dieu que l'on connoisse par lui-même. Il n'y a que Dieu que nous voïons d'une veuë immédiate & directe. Il est necessaire de dire que l'on connoît Dieu par lui-même ; la raison en est, que Dieu seul est intelligible par lui-même. Il n'y a que Dieu qui puisse éclairer l'esprit par sa propre substance. Dans cette vie, ce n'est que par l'union que nous avons avec lui, que nous sommes capables de connoître ce que nous connoissons. Selon nôtre sentiment, nous voïons Dieu, lorsque nous voïons des veritez éternelles.

R. T. 1.
l. 3. 2.
p. c. 6.
& 7. p.
220.
222.
223.

E. 2. p. 47 &c. 52. &c.

» L'Etre sans restriction, dit A-
» riste, en un mot, l'Etre, c'est
» l'idée de Dieu ; c'est ce qui le re-
» presente à nôtre esprit tel que
» nous le voïons en cette vie. Fort
» bien, répond Théodore ; mais
» prenez garde que Dieu ou l'in-
» fini, n'est pas visible par une idée
» qui le represente, il n'a point
» d'archétype ; l'infini est à lui-mê-
» me son idée, il ne se peut voir
» qu'en lui-même ; & il est clair
» que si vous voïez l'infini, vous
» ne le voïez qu'en lui-même : or
» il est certain que vous le voïez,
» car autrement, quand vous me
» demandez s'il y a un Dieu ou un
» infini, vous me feriez une de-
» mande ridicule, &c. On ne se
» trompera jamais, pourveu qu'on
» n'attribuë à Dieu que ce qu'on
» découvre, non dans une idée dis-

E. 8. p. 287.
» tinguée de Dieu, mais dans sa
» substance même.

» Voicy comment la verité par-

de Metaphysique. 63

le à tous ceux qui l'aiment, & « *M. 2. f.*
qui par des desirs ardens, la « 24. 25.
prient de les nourrir de sa sub- «
stance : je ne suis point comme «
le pain qui entretient la vie du «
corps, on ne me divise point en «
parties pour me distribuer aux «
hommes ; je nourris & j'engraisse «
par moi-même les esprits, mais «
ils ne me changent point en leur «
substance. «

Nôtre esprit est essentiellement « *R. T. 1.*
uni au Verbe de Dieu, à la sa- « *l. 2. p.*
gesse, à la verité éternelle, à la « *c. 6. p.*
souveraine raison ; ce n'est que « 221.
par cette union qu'il est capable « *c. 8 p.*
de penser. « 227.
« *L. c. 1.*
« *p. 316.*

Dieu seul nous instruit de tou- « *R T. 1.*
te verité, par la manifestation de « *Préfa-*
sa substance. « *ce. p. 7.*

L'esprit voit dans la lumiere « *Ib. 5.*
de Dieu, comme Dieu même, « *.5 19*
toutes les choses qu'il voit claire- « *343.*
ment, &c. On peut dire avec «
Saint Paul, Saint Augustin, Saint «

64 Réfut. d'un nouveau Syst.

R. T. 1.
p. 169.
Ecl. 10.
» Gregoire, & plusieurs autres » Peres de l'Eglise, qu'on voit Dieu » dès cette vie, quoique d'une ma- » niere fort imparfaite.

R. T. 1.
l. 3. 2.
p. 6. 6
p. 216.
p. 222.
Enfin, sans copier une infinité d'autres passages, on sçait, pour peu qu'on ait ouvert les Livres du P. M. que cet Auteur assûre, pres- que à toutes les pages, que c'est *en Dieu & dans sa substance* que nous voions toutes choses.

E. 1. &
2. p. 42.
C'est en ce sens qu'il appelle Dieu le lieu des esprits : qu'il assûre que les esprits habitent dans les idées de Dieu, dans le monde intelli- gible. C'est encore à quoi se rap- porte tout ce qu'il dit de l'idée de l'infini inséparable de l'esprit, essentiellement présente à l'esprit, &c.

R. T. 1.
Préfa-
ce.
Au reste, il prétend qu'il est ab- solument necessaire que tous ceux qui se veulent rendre sages & heu- reux, soient entierement convain- cus & comme pénétrez de cette ve- rité.

de Metaphysique. 63

Mais voilà comme il r'adoucit son ton & modifie ses expressions, lorsque son zele se refroidit un peu, par la consideration des suites qu'on en peut craindre.

Nous voïons Dieu, *en quelque maniere*, ajoûte-t-il alors. « Ib. l. 3.
« 2. p. c.
« 6. p.
Lorsque l'esprit connoît la verité, il est uni à Dieu, il connoît « 119.
& possede Dieu *en quelque maniere*. « L. 5. c.
« 5 p.
« 342.

Je ne nie pas qu'on ne voïe « F. 2. p.
la substance de Dieu en elle-mê- « 52.
me : on la voit en elle-même en «
ce sens, qu'on ne la voit point «
par quelque chose de fini qui la «
représente : mais on ne la voit «
point en elle-même en ce sens «
qu'on atteigne *à sa simplicité*, «
& que l'on y découvre ses perfec- «
tions. «

Ce n'est pas proprement voir « R. T. 2.
Dieu, que de voir en lui les créa- « p 269.
tures ; ce n'est pas voir son essen- « Ecl. 10.
ce, que de voir les essences des «

» créatures dans sa substance ; com-
» me ce n'est pas voir un miroir,
» que d'y voir seulement les objets
» qu'il représente : ce n'est pas voir
» l'essence de Dieu, que de la voir,
» non selon son être absolu, mais
» relativement aux créatures, ou
» entant qu'elle en est representa-
» tive.

    » Il faut bien remarquer qu'on
» ne peut pas conclure que les es-
» prits voïent l'essence de Dieu,
» de ce qu'ils voïent toutes choses
R T. 1. » en Dieu, quand Dieu leur dé-
l. 3. 2. » couvre ce qu'il y a dans lui qui
p. c. 6.
p. 216. » le représente : l'essence de Dieu,
217. » c'est son être absolu ; & les es-
» prits ne voïent point la sub-
» stance Divine prise absolument,
» mais seulement entant que relati-
» ve aux créatures ou participable
» par elles.

II.   A tout cela, le P. M. trouvera bon que je lui réponde deux
choses, dont la premiere est, que

ni le bon sens, à ce qu'il me semble ; ni la Foy, très-certainement, ne souffrent point qu'on dise, que dans cette vie nous voïons Dieu en lui-même par une veuë immediate & directe ; que Dieu éclaire nos esprits par sa propre substance qui nous est toûjours & intimement présente, & se manifeste par elle-même à nous ; que l'esprit voit dans la lumiere de Dieu, comme Dieu même, toutes les choses qu'il voit clairement ; qu'il est essentiellement uni au Verbe, & à la sagesse éternelle. La seconde est, que les temperamens qu'il apporte à ses expressions pour les rendre un peu moins cruës, n'en corrigent pourtant pas le sens un peu trop dur ; ils ne peuvent servir qu'à faire croire que l'Auteur ne parle pas assez conséquemment. J'explique & je prouve ma premiere réponse.

Premierement, c'est à mon avis choquer le bon sens que d'assûrer que nous voïons Dieu dès cette vie par une veuë directe & immédiate de sa substance ; car quelque furieux que soit le penchant que la vanité nous donne à embrasser volontiers toutes les opinions qui nous relevent & nous aggrandissent ; néanmoins nous connoissons par trop d'experiences la petitesse & la foiblesse de nôtre esprit, pour pouvoir nous persuader sérieusement qu'il soit par soi-même assez fort pour soûtenir tout l'éclat de la majesté de Dieu ; qu'il ait naturellement la veuë assez pénétrante & assez étenduë, pour atteindre à un objet infiniment élevé au-dessus de lui. Quoi, cet esprit qui ne peut connoître les plus simples Ouvrages du créateur, cet esprit qui se perd & se confond dans les rapports tant soit peu composez, des idées qui lui sont les plus familieres ; cet esprit enveloppé dans les ténébres de la plus profonde ignorance, jusqu'à ne sçavoir lui-même ce qu'il est, jusqu'à être absolument aveugle sur ses propres mouvemens, sur ses modalitez, sur tout ce qui se passe dans sa substance, & le touche de plus près ; cet esprit cependant s'élevera infiniment au-dessus de toutes les créatures ; percera de ses regards, sans en être offensé, les splendeurs qui environnent le trône du Très-Haut ; contemplera fixement la source de la lumiere, la pénétrera, s'y plongera pour y chercher, à sa clarté, les veritez qu'elle renferme ? Certes, si l'esprit de nôtre Philosophe est capable de ces prodigieux efforts, je croirai plûtôt qu'il est d'un ordre beaucoup superieur aux Anges mêmes ; que de me persuader que les esprits des autres hommes lui ressemblent.

Mais avant que de faire sur sa parole un tel acte de foy, qui ne laisseroit pas de coûter ; examinons à quoi se réduisent toutes ces merveilles si surprenantes que nôtre Auteur assûre se passer en lui : j'espere que cet examen nous tirera d'embarras ; car voici tout le mystere : Ce grand Métaphysicien s'est persuadé, comme nous avons vû, que Dieu n'étoit autre chose que l'idée vague & abstraite de l'Etre en général, ce terme Logique, qui, placé à la cime de l'arbre de Porphyre, represente le plus haut *genre :* or, dit-il, moi & tous les hommes voïons l'idée vague de l'Etre en général ; car nous pensons à l'être abstrait & indéterminé ; cette idée est par elle-même immédiatement présente à l'esprit : donc je vois, & tous les hommes comme moi voïent Dieu en lui-même, d'une veuë immédiate & directe. Ce raisonnement n'est-il pas concluant ? oûi sans doute, contre le P. M. pour faire voir tout le ridicule de son opinion, laquelle suppose que l'Etre vague & abstrait, soit nôtre Dieu ; qu'une idée qui doit tout ce qu'elle est à quelques opérations de Logique, & qui n'existe que dans la pointe d'une raison qui cherche à réünir, à force de précisions, sous des notions très-générales, une multitude de choses qu'elles se sent incapable de connoître assez bien dans le détail, soit la substance infiniment réelle de celui qui existe par sa nature, & qui produit toutes choses de rien par la force toute-puissante de sa volonté. Un pot de terre, un morceau de bois, une goute d'eau, les oignons d'Egypte, ont plus de réalité que l'idée vague de l'Etre en général ; par la même raison qu'un petit chien, qu'une souris, qu'un roitelet, est quelque chose de plus réel, que l'idée d'animal en général. Il s'en faut donc beaucoup que cette idée d'être indéterminé ; c'est-à-dire, de l'être *ut sic*, & conçû entant qu'il ne renferme aucune des perfections particulieres sans lesquelles rien ne peut exister ; soit la souveraine réalité ; soit l'Etre infiniment parfait en tous sens ; soit Dieu, Créateur du Ciel & de la Terre.

III. Secondement, il est très-certain que cette opinion, *que nous voïons Dieu dès cette vie dans sa propre substance, & par une veuë immédiate & directe*, repugne tout-à-fait à la Foy Catholique ; car il est évident que cette veuë est ce qu'on appelle veuë intuitive ; & il n'est pas moins seur, que c'est un article de nôtre Foy, que les hommes n'auront la veuë intuitive de Dieu que dans l'autre vie, lorsqu'ils seront entrez dans la pleine & parfaite possession de tous les droits que leur donne la Divine adoption, dont le Pere les honore re dans son Fils, & par son Fils Jesus-Christ Nôtre-Seigneur. Cet article est fondé sur les paroles dé- 1. *Cor.* cisives de Saint Paul ; Dans cette 13. 12. vie, dit l'Apôtre, nous ne voïons pas Dieu en lui-même, nous ne le voïons que comme dans un miroir ou dans une représentation énigmatique; mais dans l'autre vie, nous le verrons à découvert, & pour ainsi dire, face à face. *Videmus nunc per speculum, in ænigmate ; tùnc autem, facie ad faciem.* Maintenant, ajoûte-t-il, je ne connois qu'obscurément, & à demi ; mais alors je connoîtrai comme je suis connû : c'est-à-dire, je verrai l'Etre & l'essence de Dieu, comme Dieu voit présentement mon être & mon essence. *Nunc cognosco ex parte ; nunc autem cognoscam sicut & cognitus sum.* Pendant que nous vivons dans ce corps mortel, dit encore Saint Paul, nous sommes éloignez

74 Réfut. d'un nouveau Syst.
& séparez de Dieu ; car nous ne marchons qu'à la lumiere obscure de la Foy, ce n'est pas la beauté même de l'essence divine qui nous éclaire. *Dùm sumus in corpore peregrinamur à Domino ; per fidem enim ambulamus, & non per speciem.* Le même Saint écrivant à Timothée lui dit : que Dieu habite une lumiere inaccessible, que nul homme ne l'a jamais veu, ni ne peut même le voir. *Lucem inhabitat inaccessibilem, quem nullus hominum vidit ; sed nec videre potest.*

2. Cor. 5. 6.

1. Tim. 6. 16.

Matt. 5. Jesus-Christ dit : Bienheureux ceux qui ont le cœur pur, parce qu'ils verront Dieu. *Beati mundo corde, quoniam ipsi Deum videbunt.* On sçait que le Sauveur parloit alors des récompenses que devoient recevoir dans le Ciel, ceux qui l'auroient suivi & imité sur la terre.

Moïse aïant prié le Seigneur de

lui faire voir sa gloire à découvert, Dieu lui répond : Non, vous ne me verrez point en face ; car jamais homme vivant ne me verra ainsi. *Non poteris videre faciem meam ; non enim videbit me homo, & vivet.* Exod. 33. 20.

Admirons après cela les paroles de nôtre Auteur, dans son dixiéme éclaircissement sur la Recherche ; „ ce n'est pas qu'on ne puisse dire avec Saint Paul, Saint Augustin, Saint Gregoire, & plusieurs autres Peres de l'Eglise, qu'on voit Dieu dès cette vie. „ Quelle audace de mettre sur le conte de Saint Paul même une erreur de cette nature ; dont la premiere conclusion qui se présenteroit naturellement à tirer, seroit, que Saint Paul est donc tombé dans de grossieres contradictions, en écrivant ce que le Saint Esprit lui dictoit, ou que l'Eglise de Jesus-Christ n'a jamais entendu la Doc- R T 2. p. 269. Ecl. 10.

trine de cet Apôtre. Pour ce qui regarde Saint Gregoire, le P. M. se moque de nous apporter une moralité de ce Pere, pour une explication litterale. Voilà le passage cité par nôtre Auteur. *Ad Moysen dicitur ; non videbit me homo & vivet ; ac si apertè diceretur : nullus unquam Deum spiritaliter videt, qui mundo carnaliter vivit.* Saint Gregoire, sur le Chap. 28. de Job. Enfin, quant à Saint Augustin, l'on verra dans un Chapitre exprès, que nôtre Philosophe n'entend point du tout la Doctrine de ce Saint Docteur, & qu'il lui impute des sentimens qu'il n'a jamais eû.

Il est vrai néanmoins que dans ce même éclaircissement dixiéme, le nouveau Philosophe tâche d'éluder la force de quelques-uns des passages que nous venons d'apporter : mais ses réponses sont si pitoïables, & marquent un homme si peu versé dans l'intelligence de l'Ecriture, que je ne crains point d'y renvoïer le Lecteur. La principale, par laquelle on pourra juger des autres ; c'est que Saint Paul dans son Epître à Timothée, ne peut être contraire à Saint Jean, qui nous assûre que Jesus-Christ est la vraïe lumiere qui éclaire tout homme qui vient en ce monde. Où est-ce que ce nouveau Docteur a appris que ces paroles de Saint Jean, signifient que nous voïons intuitivement Dieu dès cette vie ? Il répondra sans doute, que c'est de Saint Augustin ; mais j'ai déja dit qu'on verra dans le dernier Chapitre de cette seconde Partie, qu'il prend fort mal les pensées de ce Saint Pere, dans tous les points où il prétend s'appuïer de son autorité. La lumiere de la foy est la vraïe lumiere qui éclaire les hommes : & comme ce n'est que par Jesus-Christ qu'elle est accordée ;

Ib. 1, 1.

Jo. 1. v. 9.

Jesus-Christ est appellé lui-même dans un sens très-veritable, la lumiere qui éclaire tout homme dont l'esprit est éclairé par la Foy. De plus, Jesus-Christ étant comme Dieu, le Créateur de tous les hommes, c'est encore veritablement de lui que tout homme reçoit la lumiere de la raison, laquelle auroit dû porter les Juifs instruits des Saintes Ecritures, à le reconnoître & à le recevoir comme le Messie qui leur avoit été promis, lorsqu'il parut au milieu d'eux. Et c'est une seconde maniere d'expliquer ce que dit le Saint Evangeliste; que Jesus-Christ est la lumiere de tout homme qui vient au monde : donnant par là à entendre aux Juifs, que le refus qu'ils avoient fait de recevoir le Sauveur, avoit été un criminel abus de la raison même & des lumieres naturelles qu'ils avoient reçuës de lui.

En effet, si Saint Jean eust entendu ces paroles du premier Chapitre de son Evangile ; *lux vera* *quæ illuminat omnem hominem* *venientem in hunc mundum*, dans le sens que leur donne le nouveau Docteur : Comment cet Apôtre auroit-il dit dans ce même Chapitre, peu de versets après : que personne n'a jamais veu Dieu; que le Fils unique qui est dans le sein du Pere, nous a appris ce que nous en devions croire. *Deum nemo vidit unquam, unigenitus Filius qui est in sinu patris ipse enarravit?* Comment auroit-il repeté les premieres paroles : *Deum nemo vidit unquam*, dans sa premiere Epître? Certes il faut que le P. M. avoüe, que ce Disciple bien-aimé du Sauveur, seroit aussi contraire à lui-même qu'à Saint Paul, s'il enseignoit quelque part, que nous voïons Dieu dès cette vie.

 Saint Epiphane traitant de l'Hérésie des Anoméens, dit d'Aëtius leur premier Chef, que cet insensé en vint à un tel point d'extravagance, qu'il prétendit mieux connoître Dieu que les autres ; non par la Foy, mais par une science qu'il s'attribuoit. Son audace, poursuit ce Pere, & sa témérité allerent jusqu'à dire : Je connois Dieu aussi exactement bien, que je me connois moi-même, ou plûtôt, je ne me connois pas si bien moi-même, que je connois Dieu. *Imò tam meipsum non novi, quam Deum.* Or Saint Epiphane traite ce sentiment d'Aëtius d'Hérésie & d'extravagance. Cependant nôtre Auteur avance quelque chose de pire : non-seulement il croit connoître Dieu mieux que tous les autres Philosophes, mais il soûtient qu'il voit immédiatement & directement l'essence Divine en elle-même : non seulement il va jusqu'à dire, je connois Dieu aussi bien que je me connois moi-même ; ou plûtôt, je connois Dieu bien mieux que je ne me connois moi-même : mais il en apporte une raison, dont peut-être Aëtius auroit été étonné ; c'est que selon lui, son esprit n'a point l'idée de sa propre substance, au lieu qu'il voit intuitivement la substance de Dieu. Qu'auroit donc dit Saint Epiphane du nouveau Philosophe ? A la verité Eunomius, Disciple d'Aëtius ajoûta : qu'il connoissoit Dieu aussi bien que Dieu se connoissoit lui-même : & les Anoméens le suivirent. Mais ce sont deux erreurs que les Peres ont soigneusement distinguées, & que Saint Epiphane ne confond pas dans l'endroit que je viens de citer.

Enfin, le Concile œcuménique de Vienne condamna comme une Hérésie détestable & diabolique, celle des Béguards & des Béguines, qui disoient : que l'ame n'avoit pas besoin de la lumiere de gloire pour voir Dieu. Or nous montrerons dans le dernier Chapitre de la troisiéme Partie de cet Ouvrage, & l'on voit même assez dès-à-présent, que le sentiment du P. M. revient fort à celui de ces Hérétiques, & qu'ainsi les Anathêmes dont ils furent frappez, semblent tomber aussi-bien sur lui que sur eux : je ne sçai pas même s'il n'encherit pas autant sur ces derniers, qu'il a encheri sur Aërius ; lorsqu'il enseigne, » que l'esprit voit dans

R.T. 1. » la lumiere de Dieu, comme Dieu
l. 5. c. 5. » même, toutes les choses qu'il
p. 343. » voit clairement.

IV. Mais il me revient en pensée que nôtre Philosophe pourroit être d'humeur à se plaindre icy de moi, comme si j'affectois d'avoir oublié les temperamens qu'il apporte de temps en temps à ses expressions, touchant la veuë claire que nous avons de Dieu. En effet, il fait lui-même un fort grand usage de ces sortes de temperamens dans son dixiéme Eclaircissement, lorsqu'il tâche de se débarasser des Passages de l'Ecriture qui l'incommodent.

Je pourrois, à la verité, sans m'inquieter beaucoup de cette plainte, répondre en peu de mots, que j'ai rapporté fidellement les secondes propositions de l'Auteur, qui pouvoient servir à adoucir les premieres : mais qu'il est évident, par la seule lecture des unes & des autres; premierement, que ni les unes ni les autres ne valent rien ; secondement, que les premieres sont bien plus sinceres & plus conformes aux vraies pensées du Chef de cette Secte, qui paroît s'être fait violence, & n'avoir pas tant suivi son génie, qu'obéï à certaines considerations, lorsqu'il a jetté les secondes. Cependant je veux bien, pour lui ôter tout prétexte de mécontentement, en venir à un examen de ces prétenduës modifications : je suis persuadé qu'il n'y trouvera pas si bien son compte que moi, qui aurai lieu de faire voir par là clairement, qu'il ne lui reste pas une seule voïe pour échapper aux censures que merite sa Doctrine sur ce point. Je remarque donc que tous ces temperamens & toutes ces modifications se réduisent à deux, sçavoir; 1º. A l'addition de ces mots, *en quelque maniere* ; 2º. A la distinction de l'être *absolu* de Dieu & de l'être *relatif* ; ou bien de l'essence Divine prise dans sa *simplicité*, & de cette même essence considerée en tant que *représentative* des êtres particuliers.

Le P. M. emploïe la premiere défaite, en disant : que nous voïons Dieu seulement *en quelque maniere* : mais je demande, que signifie ce mot, *en quelque maniere* ? il ne peut signifier que l'une de ces deux choses ; ou bien que nous ne voïons pas veritablement Dieu même par une veuë qui se termine directement à sa substance, mais que nous le voïons seulement dans une image ou une idée fort differente de lui, laquelle le représente à nôtre esprit d'une façon très-imparfaite : ou bien que, quoique nous le voïons immédiatement lui-même dans sa propre substance ; cette veuë cependant de nôtre esprit n'est pas une connoissance parfaite & compréhensive de la Divinité, qui en mesure pour ainsi dire, toute l'étenduë infiniment infinie. Ce mot, *en quelque maniere*, ou exclut la connoissance immédiate & directe de la substance de Dieu ; ou il exclut seulement l'entiere perfection de cette connoissance, les degrez de clarté qui lui manquent. Or il est évident que si l'Auteur le prenoit dans le premier sens, il se contrediroit grossierement lui-même, & souscriroit à la ruine entiere de tout son systéme : mais il n'est guéres moins évident, que le second sens ne corrige rien ; il empêche bien qu'on ne puisse imputer à nôtre Philosophe une seconde erreur beaucoup plus absurde encore que la premiere, & qui consisteroit à dire avec Eunomius, que dès cette vie nous comprenons parfaitement la nature & l'infinité de Dieu, que nous le connoissons aussi parfaitement qu'il puisse se connoître lui-même ; mais il n'empêche point qu'il ne soit vrai de dire, que selon le P. M. nous voïons Dieu dès cette vie d'une veuë directe & immédiate, que nous découvrons sa substance dans elle-même ; & par consequent que nous en avons une veuë intuitive, que nous le voïons *face à face*. Ce n'est, si l'on veut, que comme de loin que nous le voïons ; ce n'est qu'avec quelque obscurité, ce n'est que d'une maniere imparfaite : nous le voïons pourtant lui-même, par lui-même : nôtre esprit jette & fixe immédiatement ses regards, sur la Divinité. Encore cette veuë n'est-elle point si obscure, puisqu'elle est très-distincte, puisqu'elle est éclairée de la lumiere de Dieu même, puisqu'elle a pour objet un soleil infiniment plus brillant que celui qui éclaire nos corps : cette veuë n'est point si imparfaite, puisqu'elle est la source de toutes nos connoissances les plus claires & les plus parfaites, puisque c'est par elle que nous appercevons toutes les choses que nous sommes capables d'appercevoir, de la maniere la plus exacte & la plus nette ; puisqu'elle nous remplit d'idées très-parfaites, d'idées très-lumineuses : elle n'est point la veuë d'un objet si éloigné, puisque la substance de Dieu est intimement presente à nos

R.T. v.
l. 3. 2.
p. c. 6.
p. 218.
p. 219.
221.
222.
Ib. conclusion.
p. 245.
l. 5. c. 52
p. 343.

T. 2. l.
6. l. p. c.
1. p. 3.
& p.
261.
262.
Eclair,
10.

esprits; qu'elle les affecte immédiatement par elle-même; & qu'elle est le lieu des esprits, comme le monde matériel est le lieu des corps.

Venons au second retranchement que l'Auteur a voulu se ménager par la distinction qu'il met entre l'être absolu, & l'être relatif de Dieu: je ne le trouve pas beaucoup plus fort que le premier; non que je rejette cette distinction que les Philosophes & les Théologiens emploient quelquefois utilement & à propos; mais parce que le P. M. n'en peut tirer icy aucun avantage pour parer aux coups qu'on lui porte: car enfin, qu'est-ce que l'Etre absolu de Dieu? Fixons la signification de ce mot: l'Etre absolu de Dieu, n'est-ce pas Dieu consideré en lui-même? or cet Auteur enseigne par tout, que nous voïons Dieu en lui-même, & que nous ne pouvons même le voir qu'en lui-même : donc selon lui, nous voïons l'Etre absolu de Dieu. En effet, conçoit-il qu'on puisse voir, & voir clairement ce qu'un être a de rélatif à quelque chose, sans que l'on voïe cet Etre même & en lui-même ? Peut-on voir par exemple, la rélation, ou le rapport de ressemblance qu'a le portrait du Roy, à la personne du Roy, sans voir ce portrait en lui-même, sans appercevoir les couleurs que le Peintre a appliquées sur la toile ? N'est il pas, au contraire évident, qu'il faut voir une chose en elle-même, avant que de voir la rélation qu'elle a à une autre ?

D'ailleurs nos idées, comme on a déja veu, sont, selon nôtre Philosophe, des limitations de l'Etre infini; elles sont réellement la substance Divine qui nous affecte tantôt d'une façon, tantôt d'une autre, qui se découvre à nos esprits en differentes manieres. Or, peut-on voir les limitations d'une chose, sans voir cette chose ? si nos idées sont la substance même de Dieu qui se découvre à nous ; pouvons-nous voir ces idées sans voir cette substance ; peut-elle se découvrir & se manifester à nôtre esprit en telle maniere, sans se manifester effectivement elle-même ? Mais je demande encore une fois, qu'est-ce donc que l'être absolu ou l'essence de Dieu, sinon sa propre substance ?

E. 2. p. 46. „ L'idée de l'Etre sans restric- „ tion, de l'infini, de la générali- „ té, dit le P. M. n'est point l'idée „ des créatures, ou l'essence qui „ leur convient : mais l'idée qui „ représente la Divinité, ou l'essen- „ ce qui lui convient. Or la Divinité & l'essence qui convient à Dieu, & nullement aux créatures, est ce qui constituë l'Etre absolu de Dieu : ainsi nous avons l'idée de l'Etre absolu de Dieu, & nous voïons cet Etre absolu.

Qu'est-ce encore que l'Etre absolu de Dieu ? c'est, selon l'Auteur, l'infini en toutes manieres : & selon le même Auteur, nous voïons l'infini en toutes manieres. Un seul passage fait foy de ces deux propositions : Remarquez bien, dit-il, que l'Etre sans restriction ou l'infini en toutes manieres, n'est point seulement la substance Divine, entant que représentative de tous les Etres possibles... c'est donc en un sens la substance même de Dieu que nous voïons. Il auroit dû retrancher ces mots, *en un sens* ; car, dès qu'il avoüe que nous appercevons la substance Divine autrement, qu'entant que représentative des êtres créez ou possibles ; dès-là il confesse que nous la voïons autrement que selon son être relatif, & que par consequent nous la voïons selon son être absolu.

E. 2. p. 51.

Voilà bien des contradictions, & si manifestes, que l'Auteur, quoiqu'accoûtumé à n'y pas prendre garde de si près, n'a pû s'empêcher de les appercevoir dans son second entretien avec Ariste ; & voicy l'unique moïen de s'en tirer, ou plûtôt de déguiser ses vrais sentimens, qu'il a enfin trouvé après y avoir long-temps rêvé : " Voir " Dieu selon sa réalité absoluë, c'est, " dit-il, découvrir cette proprieté " qui est essentielle à l'infini, d'être " en même temps un & toutes cho- " ses ; composé, pour ainsi dire, " d'une infinité de perfections dif- " ferentes, & tellement simple, " qu'en lui chaque perfection ren- " ferme toutes les autres sans au- " cune distinction réélle : or en " voïant la substance de Dieu, vous " n'y découvrez pas cette proprie- " té : donc vous ne voïez pas Dieu " selon son Etre absolu.

E 2. p. 69.

Mais qui ne voit, 1°. que quand

ce raisonnement seroit bon dans la bouche du P. M. il ne prouveroit pourtant rien autre chose, sinon que nous ne comprenons pas parfaitement la Divinité, & qu'il ne prouveroit nullement que nous ne vissions pas l'Etre absolu de Dieu, puisqu'il ne détruit aucune des preuves qu'on en vient de donner. En effet, nôtre Philosophe se trompe fort de définir l'Etre absolu de Dieu ; la proprieté qu'a l'infini d'être en même temps un & toutes choses : il est évident, par le mot même de *proprieté*, dont l'Auteur s'est servi, que cette perfection coule seulement de l'essence ou de l'Etre absolu de Dieu, & par consequent la suppose, & ne la constituë pas ; l'infinité est le principe de cette proprieté, & ce qui fait l'Etre absolu de Dieu : or dans le nouveau systéme nous voïons directement l'infinité : donc nous voïons l'Etre absolu de Dieu.

Mais, 2°. Ce paralogisme loin de me convaincre, comme il convainquit le docile Ariste, que sa passion pour monter dans la region enchantée des beautez intelligibles, disposoit à tout croire sans trop examiner; il me persuade au contraire que le P. M. pour éviter une contradiction, s'enfonce encore dans d'autres : car en niant que nous voïons cette proprieté essentielle à Dieu, d'être un & toutes choses en même temps; il prouve en effet que nous la voïons, ou bien il renonce à ses principes fondamentaux. Ces principes sont que l'on voit clairement toutes les choses dont on raisonne avec évidence & sans craindre de se tromper; car l'évidence ne naît que de la veuë claire. Que de plus, on ne peut parler d'une chose, ni demander si elle est telle ou telle, que l'on n'ait une idée de cette chose, & de la proprieté dont on demande si elle lui convient. Or je le prie de me dire, si, lorsqu'il assûre que Dieu est en même temps un & toutes choses, qu'il renferme dans une parfaite simplicité une infinité infinie de perfections ; il croit parler juste & faire une proposition évidemment vraïe. S'il croit du moins sçavoir de quoi il parle, & ce qu'il attribuë à Dieu ? sans doute il le croit. Donc, suivant ses principes, il a une idée claire & distincte de cette unité, de cette simplicité de Dieu, jointe à une infinie multiplicité de perfections ; donc il voit Dieu entant que un & toutes choses, il atteint à sa simplicité, il voit sa réalité absoluë. Ce qui est surprenant, c'est que nôtre Philosophe tombe dans cette contradiction dans l'étenduë de quinze lignes ; car aprés avoir dit à Ariste, qu'il n'atteint pas à la simplicité de Dieu, qu'il ne la voit point : dix lignes plus bas, il lui

parle ainsi : « Il est certain que
» vous voïez Dieu, car autrement,
» quand vous me demandez s'il y
» a un Dieu ? vous me feriez une
» demande ridicule, par une pro-
» position dont vous n'entendriez
» pas les termes : comme si vous
» me demandiez s'il y a un *Blictri*,
» c'est-à-dire, une telle chose, sans
» sçavoir quoi ; parce que ce ter-
» me ne réveille aucune idée. Comment le P. M. n'a-t-il pas songé qu'on pouvoit lui dire de même : puisque vous assûrez que c'est une proprieté essentielle à Dieu, & qui constituë son être absolu, d'être un & toutes choses ; il faut donc que vous aïez une idée de cette proprieté admirable, qui ne peut convenir qu'à Dieu, de cette simplicité qui renferme toute perfection : autrement, quand vous faites ces propositions, vous feriez des propositions ridicules, dont vous n'entendriez pas les termes ; ce seroit com-

de Metaphysique.

comme si vous raisonniez sur le *Bluêtri* : & quand vous dites ensuite qu'on n'atteint pas à cette simplicité, qu'on ne découvre pas cette proprieté par laquelle Dieu est un & toutes choses ; c'est comme si vous disiez qu'on ne voit pas telle chose, sans sçavoir quoi : ainsi de quelque côté que vous vous tourniez, vous ne sçauriez éviter de vous contredire vous-même. Si vous dites qu'on ne peut parler des choses dont on n'a point d'idées, sans faire des propositions ridicules ; dès-là vous êtes obligé d'avoüer que vous avez idée de l'unité & de la simplicité de Dieu, & par conséquent que vous la voïez en elle-même, selon vos principes ; lorsque vous assûrez en cent endroits d'un ton fort serieux & fort affirmatif, que c'est la perfection la plus excellente de l'Etre Divin. Cependant vous prononcez d'un autre côté, qu'on ne peut atteindre à cette perfection, qu'on ne la découvre point, qu'on ne la voit point : or de-là il s'enfuit, selon vos mêmes principes, que vous n'en avez donc aucune idée, & que par conséquent quand vous en parlez, vous faites des propositions ridicules.

R T. 1.
l 4. c.
x 1 p.
297.

Enfin, la grande démonstration que le P. M. apporte de l'existende Dieu, est celle-cy : On ne peut voir Dieu sans voir en lui-même, & son essence & son existence : donc l'on ne peut voir Dieu qu'il n'existe : or nous voïons Dieu, par conséquent il existe. En verité, peut-on voir immédiatement dans une chose, & l'essence & l'existence de cette chose, sans voir son être absolu ? Ce raisonnement, à la verité, n'est rien moins que solide ; mais il paroît évident au P. M. & cela me suffit pour en conclure, qu'il est donc également évident, que selon le P. M. nous voïons dès cette vie l'Etre absolu de Dieu ; & qu'ainsi sa distinction de l'être absolu & de l'être relatif, ne lui sert de rien, & n'est même dans ses Livres qu'un pur galimatias.

Par consequent il faut demeurer d'accord, que s'il est certain, comme je croi l'avoir montré, que c'est un sentiment très-contraire à la raison & à la Foy Catholique, de dire que nous voïons Dieu dès cette vie : il n'est pas moins certain que ce sentiment est celui de la Secte des Malebranchistes, & est même un des principaux & des plus essentiels dogmes du nouveau systéme.

CHAPITRE III.

De la nature des Idées.

<small>R.T. 1.
p. 202.
Ecl. 3.</small>

LE P. M. avoüe qu'il confond souvent differentes notions de ce mot *idée*; » je l'ai pris, dit-
» il, quelquefois pour tout ce qui
» représente à l'esprit quelque ob-
» jet, soit clairement, soit confu-
» sément : je l'ai pris même enco-
» re plus généralement, pour tout
» ce qui est l'objet immédiat de l'es-
» prit : mais je l'ai pris aussi dans
» le sens le plus précis & le plus
» resserré ; c'est-à-dire, pour tout
» ce qui représente les choses à l'es-
» prit d'une maniere si claire, qu'on
» peut découvrir d'une simple veuë,
» si telles ou telles modifications
» leur appartiennent. Il auroit sans
doute mieux pratiqué les regles
qu'il donne dans sa méthode, s'il

eust commencé son Livre de la Recherche, par donner la définition exacte & précise d'une chose qui occupe tant de place dans tous ses Ouvrages, & qui fait le fond de toute sa Philosophie : cela l'eust délivré de la peine de faire un éclaircissement sur ce qu'il avoit avancé quelque part ; que nous n'avions point d'idées des mystéres de la Foy ; proposition fort mal conçûë, & qui n'a pû faire grand honneur à son Auteur. Du moins ne devoit-il pas manquer d'ôter toutes les équivoques du mot *idée*, dès le premier Chapitre de la seconde Partie du troisiéme Livre, où il traite expressément de la nature des idées.

R.T 1.
l. 1. *c.*
3. *p.* 14.

Mais quoi qu'il en soit, la voilà cette notion que l'ordre & la méthode veulent que nous établissions nous-mêmes à la tête de ce Chapitre. Les idées, dont il s'agit icy, sont *des objets immédiats de*

I.

l'esprit qui lui représentent les choses d'une maniere si claire, qu'on peut découvrir d'une simple veüe, si telles ou telles modifications leur appartiennent : ce sont ces idées que l'Auteur nomme encore les *essences intelligibles*, ou les *archétypes* des choses.

Il faut soigneusement distinguer ces idées qui ne brillent qu'à l'esprit pur, des phantômes de l'imagination & des sentimens confus qu'excitent en nous les objets exterieurs lorsqu'ils agissent sur nos sens : car ces deux sortes de perceptions ne nous font point connoître avec évidence, la nature ni les rapports des choses ; elles sont plus propres à précipiter l'esprit dans les ténébres de l'erreur, qu'à l'éclairer ; ce sont autant de faux témoins qu'il ne faut jamais consulter lorsqu'on cherche la verité. On doit même distinguer les idées, du sentiment interieur que nous avons de ce qui se passe dans nôtre ame, suivant les divers changemens qui lui arrivent : car ce sentiment n'est pas lumineux, & ne peut nous assûrer de rien autre chose, sinon que nous pensons, que nous sommes affectez & modifiez en differentes manieres ; sans nous faire connoître, ni ce que nous sommes, ni quelle est la nature de ces modifications que nous recevons.

II. Si le P. M. s'en tenoit là, sur la nature des idées, je lui contesterois peu de choses : mais il ajoûte à son tableau certains autres traits que je ne puis lui passer.

Cet Auteur a déploié toute son éloquence, épuisé toute la force de son imagination, quoique des plus vigoureuses, prodigué toutes les richesses & tous les brillans de l'expression la plus fleurie ; mis en œuvre tous les tours les plus séduisans, pour rehausser infiniment

104 *Réfut. d'un nouveau Syst.*
les idées. Si nous l'en croïons, ces idées, dont nous venons d'établir la notion commune & ordinaire, font quelque chose de bien plus grand, de bien plus excellent, que les hommes ne se l'imaginent : ce sont des *Etres réels*, & plus réels que tout ce que nous voïons dans l'Univers ; des êtres plus nobles & plus parfaits qu'aucune des pures créatures ; des êtres tous lumineux, & plus éclatans mille fois que le soleil ; des êtres infinis, necessaires, éternels, immuables ; enfin, des êtres divins, qui résident dans la Divinité même, & dont le pouvoir est absolu sur tous les esprits créez, pour les rendre heureux ou malheureux, pour les éclairer & les toucher en une infinité de manieres. Telles sont, au rapport du P. M. qui prétend les avoir veuës & contemplées à loisir, telles sont les beautez du monde intelligible, les graces qui composent la cour

marginalia:
R. T. 1.
l. 3. 2.
p. 3.
p. 209.
212. c.
4. 21.
c. 6. p.
216.
217.
& b.
R. l. 4
c. 11
p. 299.
302.
T. 2. p.
161.
Rép. a
M. Re-
gis.
E 1. &
2. p. 23.
&c.

de Metaphysique. 105

de l'être vague. Qui se fust jamais avisé de reconnoître tant d'éminentes qualitez dans l'idée d'un cercle ou d'un quarré, dans celle d'un nombre, dans celle de mon petit doigt ? Ces nations idolâtres, dont nous lisons dans l'Histoire tant d'extravagances, sont bien à plaindre de n'avoir pû s'élever jusqu'à cette region enchantée où habite l'esprit du P. M. pour y reconnoître ces divinitez intelligibles, ils en auroient eu à discretion ; chaque particulier auroit pû choisir la sienne, sans que les autres en dûssent être jaloux : & maintenant ils auroient tous l'avantage d'avoir pour eux, dans le siécle le plus éclairé qui fust jamais, une Secte de très-subtils Philosophes, qui approuveroient & justifieroient leur culte ; & seroient encore tous prêts à brûler de l'encens sur les Autels qu'ils auroient érigez à ces Dieux ou Déesses.

E v

Au reste, depuis que j'ai lû ce que dit l'Auteur de l'Empire, que les imaginations fortes & spatieuses prennent sur les imaginations foibles; je ne suis plus surpris que quelques personnes se soient soûmises à révérer avec lui ces êtres divins. Je comprens qu'elles ont pû être ébloüies ou étourdies des grands mots, des expressions emphatiques, des termes bruïants que cet écrivain emploïe : qu'elles ont pû être ébranlées, agitées, renversées par la véhemence des mouvemens qu'il excite ; tantôt en déclamant avec feu contre le Paganisme du misérable Aristote & de ses Péripateticiens, & déchargeant la bile d'un zéle impetueux sur les formes substantielles, sur les entitez absoluës, & sur les qualitez occultes ; tantôt en déplorant d'un ton lugubre & d'une maniere fort touchante, la secrette opposition que le peché de nos premiers Parens a mis entre le Dieu de son monde idéal & le genre humain ; tantôt en preschant avec beaucoup de dévotion sur la joïe solide des Chrétiens instruits de sa Philosophie ; tantôt enfin, en apostrophant avec des effusions de cœur admirables, & se faisant répondre dans les termes les plus humains, la raison universelle des esprits.

Mais pour nous, aïons la hardiesse de nous approcher de ces phantômes ; démasquons ces personnages afin de les mieux reconnoître ; ôtons à ces beautez idéales le fard & les magnifiques parûres, dont un Pere plus passionné qu'un Amant, les a chargées avec profusion : voïons en un mot, sur quoi fondé, nôtre Philosophe prétend que l'idée d'une figure ou d'un nombre, est un être *réel, infini, néceßaire, éternel, immuable, résidant en Dieu* ? car c'est sur ces principales proprietez que sont fondez tous les autres titres, dont les Livres de l'Auteur sont enflez.

III. Pour cela, je réduis à quatre petits articles l'Analyse de la nouvelle Doctrine, par rapport à cette matiere.

I.

Le néant n'a point de proprietez : donc le néant n'est point intelligible. Ainsi,

Ce qui est intelligible, est un être.

Or les idées sont intelligibles :
Donc les idées sont des êtres.

II.

Dans les idées, mon esprit apperçoit des proprietez réelles, par lesquelles elles different les unes des autres, & représentent des choses toutes differentes.

Donc ces proprietez leur appartiennent effectivement ; car si ce que l'esprit apperçoit dans les idées, n'y étoit pas, le néant seroit intelligible & auroit des proprietez.

Or ce qui a des proprietez réelles, est un être réel :

Donc les idées sont des êtres réels.

III.

Mon esprit apperçoit encore dans les idées, l'infinité ; il voit clairement que chacune d'elles est telle, que quelque mouvement qu'il se donne, il ne l'épuisera jamais : Il apperçoit de plus, qu'elles sont necessaires, éternelles, immuables.

Donc, par les deux mêmes axiômes, les idées sont des êtres infinis, ou qui ont une réalité infinie ; des êtres necessaires, éternels, immuables.

IV.

Mais des êtres réels, infinis, necessaires, éternels, & immuables, ne sçauroient exister hors de Dieu :

Donc les idées sont dans la substance de Dieu.

Examen du premier article.

IV. Je ne sçai si nô r: Auteur ne prend que pour un même axiôme, ces deux propositions : *Le néant n'a point de proprietez ; donc le néant n'est point intelligible.* Pour moi j'en fais deux fort distinguez : dont le second est une conclusion mal déduite du premier, au moins dans le sens où elle doit naturellement être prise. Venons-en à la preuve : *Le néant n'a point de proprietez* ; je le passe : *donc le néant n'est point intelligible* ; j'arrête le P. M. à cette conclusion, en lui demandant ce qu'il veut dire par là ? veut-il dire que le néant n'est point un être réel & subsistant, qui soit capable d'affecter, de toucher, de modifier par lui-même nôtre esprit, d'agir sur lui, & de se découvrir à lui ; de la maniere dont, selon cet Auteur, Dieu nous affecte, nous touche, nous modifie, agit en nous & se découvre à nous ? j'accorde volontiers tout cela. Mais veut-il dire de plus, que nôtre esprit ne sçauroit en aucune maniere penser au néant, ni s'en faire quelque espéce d'idée imparfaite & improprement dite : ensorte que penser au néant, ce soit ne point penser ; voir ou appercevoir le néant, ce soit ne point voir, ne point appercevoir du tout ? on lui nie cette prétention, & l'on soûtient même qu'il ne peut l'avoir euë, & l'avoir avancée comme il a fait, sans se contredire lui-mê-

R. T L.
l. 3. 2.
p. 6. 9.
p. 253.

112 *Réfut. d'un nouveau Syst.*

me, & aller contre ses propres principes : car un des grands principes du P. M. & qu'il a raison d'admettre, s'il n'en tiroit jamais de fausses conclusions : c'est qu'on ne doit jamais parler des choses dont on n'a nulle idée ; que c'est faire des propositions ridicules, que d'emploïer des termes qui ne signifient rien ; que les hommes qui aiment la verité, prennent bien garde à ce qu'ils disent, examinent avec soin ce qu'ils entendent, rejettent avec mépris les termes vuides de sens. Or le P. M. emploïe & très-souvent, le mot de *néant* dans ses Ouvrages ; il en affirme & en nie beaucoup de choses : entr'autres lorsqu'il parle des passions, & qu'il explique leur nature & leurs objets ; il assûre que l'aversion a le *néant* pour son terme, & que l'amour a toûjours l'être pour objet ; qu'ainsi l'amour & l'aversion sont les deux passions Meres, & opposées entr'elles. Il dit, que le sentiment de douleur produit les passions de tristesse, & de desir de l'anéantissement de ce mal, & un mouvement dans l'ame, dont le terme est le *néant*. Il dit encore, que la douleur que l'on ne souffre pas, mais que l'on craint de souffrir, produit une aversion de desir, dont le terme est le *néant* de cette douleur, &c. Donc ce Philosophe qui aime uniquement la verité, ce Philosophe si ennemi des termes vagues qui ne signifient rien, qui ne réveillent aucune espece d'idée, ni claire ni confuse, qui ne présentent aucun sens à l'esprit : ce Philosophe, sans doute, a crû avoir quelque idée du *néant*; il a été persuadé que ce mot n'étoit point un terme vuide de sens ; il a pris garde à ce qu'il disoit ; il a soigneusement examiné ce qu'il entendoit, lorsqu'il a fait les propositions qu'on vient de rapporter Il ne les a pas regardées, ces propositions, comme des propositions ridicules, qui ne signifioient rien : il a jugé, au contraire, qu'il s'entendoit bien, & que les autres hommes pouvoient aussi l'entendre, lorsqu'il leur expliquoit la nature & les objets des passions Meres.

E. 1. 7.
18.
Le nouveau Docteur se sert encore du mot *d'anéantir*, en mille & mille rencontres ; & sur tout, pour faire connoître à son Disciple Ariste, que c'est quelque chose de très-réel, que le monde intelligible où il voudroit lui faire passer la meilleure partie de ses jours. Il parle ainsi : » Supposons, » Ariste, que Dieu *anéantisse* tous » les êtres qu'il a créez, &c. il conte donc qu'Ariste a quelque idée *d'anéantir*, & du *néant*, où seroient réduits ces êtres après leur anéantissement.

Que le P. M. encore une fois,

accorde tout cela avec son axiôme ; que *le néant n'est point intelligible* ; que penser au *néant*, c'est ne penser à rien, c'est ne concevoir rien du tout. Il faudroit donc qu'il avoüât, qu'en prononçant qu'une des meres passions, a le *néant* pour terme, & differe par là de l'autre mere passion ; il ne pense à rien, il ne voit rien, il n'entend rien. De même, qu'en faisant supposer à Ariste que Dieu eust anéanti toutes les créatures, il ne lui fait rien supposer, il ne lui fait rien voir ni entendre par cette supposition : comment veut-il donc que cette supposition serve à son Disciple de premier degré pour monter au monde intelligible ? n'est-ce pas vouloir le faire tomber dès le premier pas, ou lui bander les yeux pour lui faire voir clair ?

Enfin, l'Auteur croit entendre une infinité de propositions qu'il a fait sur les *négations* & les *privations* :

or il est aisé de comprendre, que si les *privations* & les *négations*, sont en quelque maniere intelligibles à l'esprit, le *néant* l'est également : car *néant*, ne signifie que la *négation* de tout être.

Si le P. M. eust bien voulu faire la moindre de ces réfléxions, il ne lui seroit pas échappé sur cette matiere certaines propositions, que je donnerois au plus fin à accorder ensemble : Ces trois-cy, par exemple,

<small>R.T. 1.
l. 3. 2.
p. 6. 9.
p. 233
234
6. 2.
& T. 2
p. 256.
Ecl. 10.
T. 1. l.
4. 5.
p. 269.</small>

1. Le néant n'a point d'idée qui le représente, il ne forme point d'idée dans l'esprit.

2. On ne peut desirer rien, qu'on n'en ait quelque idée.

3. L'amour propre nous fait quelquefois desirer le non être.

Mais, disent les Malebranchistes, *être intelligible*, n'est-ce pas une proprieté réele de la chose que l'entendement apperçoit & connoît ? Or *le néant ne peut avoir* de proprietez : donc *le néant ne peut être intelligible*. Cet argument passe chez eux, pour l'Achille du parti : néanmoins il ne faut qu'ôter l'équivoque du mot *intelligible*, pour lui ôter aussi toute sa force. Ces Messieurs, comme on a déja remarqué, s'imaginent qu'être *intelligible*, ce n'est autre chose que pouvoir se manifester à un esprit, en agissant sur lui, en le touchant, & le modifiant ; d'où ils inferent, qu'être *intelligible*, est une proprieté qui ne sçauroit appartenir qu'à un être positif & réellement distingué de l'esprit sur lequel il agit ; que par consequent, le néant n'étant point un être lequel subsiste hors de l'esprit, il ne peut être *intelligible*. Mais je soûtiens, moi, que leur notion d'intelligible est fausse, & qu'être intelligible, ce n'est en général, rien autre chose, que pouvoir être connû par l'entendement, de quelque maniere que ce soit : *intelligible*, c'est, *quod intelligi potest*. Or je viens de montrer que l'entendement du P. M. connoît en quelque maniere le *néant*, qu'il en a quelque espece d'idée, puisqu'il raisonne sur le *néant*, & qu'il fait quantité de propositions par rapport au *néant*, prétendant s'entendre, & sçavoir bien ce qu'il dit : donc le *néant*, de l'aveu même du P. M. est *intelligible* ; & par consequent, être intelligible n'est pas, du moins toûjours & absolument parlant, une proprieté de la chose même distinguée de l'esprit, que l'entendement apperçoit ; c'est seulement une proprieté de l'idée qu'on se fait de cette chose, comme le P. M. devroit plus que tout autre en convenir, lui qui enseigne que les corps que nous connoissons le mieux, ne sont point intelligibles par eux-mêmes : il s'en faut donc beaucoup qu'ê-

R.T. 1.
l. 3. c. 2.
p. c. 1.
p. 204.
&c c 7.
p. 223.
T 2 p.
251
Ecl. 10.

tre intelligible, ce soit pouvoir se découvrir à un esprit, en le touchant & en modifiant sa substance : il est même certain qu'un être qui auroit ce pouvoir, comme Dieu, par exemple, l'a sans doute ; ne seroit pas, à proprement parler, intelligible par lui-même & immédiatement ; mais qu'il le seroit seulement par le moïen de cette modification qu'il produiroit dans l'esprit, & par laquelle il se feroit appercevoir, ou dans laquelle il se peindroit, pour ainsi dire, & se découvriroit à l'entendement comme dans une espece d'image ; car il n'y a que les modalitez mêmes de la substance spirituelle qui soient directement & par elles-mêmes intélligibles, entant que la réfléxion essentielle à toute pensée, se termine immédiatement & directement à ce qui se passe dans la substance spirituelle, à ce qui l'affecte, & la change.

La *majeure* de ce fameux argument est donc fausse, & la conclusion aussi : la *mineure* n'est pas non plus sans replique, car on peut la distinguer de cette sorte ; or *le néant ne peut avoir de proprieté*, en soi & hors de l'esprit, à la maniere d'un être veritable & distingué de nous ; je l'accorde : or *le néant ne peut avoir de proprieté* dans nôtre esprit, c'est-à-dire, dans l'espece d'idée que nôtre esprit s'en forme : je le nie ; car cette espece de notion ou d'idée que nôtre esprit se forme du *néant*, est elle-même une modification très-réelle, une action très-positive de nôtre esprit, laquelle est capable d'être apperçûë, connuë & considerée par l'entendement, & par consequent est *intelligible*.

Il est vrai que nous ne comprenons pas fort aisément ni fort nettement, comment l'esprit se forme ces idées de négations, de privavations, de néant, d'anéantir, &c. comment il trouve moïen de se faire une espece d'image de ce qui n'est point : sans doute qu'il s'aide beaucoup pour cela, de la connoissance qu'il a des êtres réels, & des changemens qui leur arrivent quand ils disparoissent à nos yeux. Mais, quoi qu'il en soit, le P. M. auroit tort de faire sur cela une difficulté, lui qui répond si souvent à de pareilles, qu'il ne sied pas de les faire, encore moins de vouloir qu'on les éclaircisse ; puisque nous ne connoissons point clairement la nature de nôtre ame, ni ses facultez, ni ses modifications ; puisqu'il se peut même faire que nous ignorions tout-à-fait la meilleure partie de ce qu'elle est, & par consequent de ce qu'elle peut. Je ne croi pas non plus qu'il lui vienne en pensée de me faire cette petite instance : du moins le néant est, selon vous, capable d'être représenté en quelque sorte par nôtre esprit: donc il a quelque proprieté; car aprés ce que j'ai dit, il peut bien voir que je lui répondrois, que ce n'est point, à parler juste, le néant qui est capable d'être représenté par l'esprit; mais que c'est l'esprit lui-même qui est capable de se représenter en quelque sorte le néant, de s'en faire quelque espece d'idée.

Revenons maintenant à nôtre sujet. Puisque le néant même peut être connû de l'esprit; puisqu'il est en quelque façon intelligible: il est donc faux, que tout ce qui est intelligible soit un être; & sur tout un être dans le sens que l'Auteur donne constamment à ce mot, c'est-à-dire, un être absolu & substanciel. Il est seulement vrai, que ce qui est intelligible est un être modal, une modification, une perception de nôtre esprit. Ainsi, de ce que les idées sont intelligibles, il ne s'enſuit rien autre choſe, ſinon, que les idées ſont des êtres modaux, des modifications, des perceptions de nôtre eſprit : ce que nôtre Philoſophe nie bien fort. Mais il ne s'enſuit point du tout de là, que les idées ſoient des êtres abſolus, & ſubſiſtans hors de nôtre eſprit, & diſtinguez de nous; ce que prétend le P. M. comme on le va voir dans le ſecond article.

Examen du ſecond article.

V. *Dans les idées, l'eſprit apperçoit des proprietez réelles, par leſquelles elles different les unes des autres, & repréſentent des choſes differentes. Donc ces proprietez leur appartiennent veritablement : car ſi ce que l'eſprit apperçoit dans les idées n'y étoit pas, le néant ſeroit intelligible, & auroit des proprietez.*

Or ce qui a des proprietez réelles, est un Etre réel : donc les idées sont des Etres réels.

Il est aisé de répondre à ce second raisonnement, en ôtant l'équivoque du mot de *réel*, comme nous avons fait ci-dessus, celle du mot *être* ; car ce terme *réel*, peut être pris, ou pour signifier généralement tout ce qui est quelque chose de positif, soit absolu, soit relatif, soit substance, soit accident, soit pur mode, pour signifier plus particulierement ce qui est absolu & substanciel. C'est dans le premier de ces deux sens qu'on dit bien que les nombres, les figures, les rapports des nombres & des figures, les qualitez sensibles, couleurs, odeurs, &c. sont quelque chose de réel ; parce que, quoique ces sortes de choses ne soient pas des substances, cependant on les conçoit positivement comme existentes à leur maniere dans les choses nombrées & figurées, colorées, odoriferantes, &c. C'est dans le second sens qu'on dit : que les corps & les esprits sont des Etres réels, parce que ce sont autant de substances, ou d'Etres qui existent en eux-mêmes, ou par eux-mêmes dans le monde.

Cet éclaircissement supposé, on dira au P. M. qu'il est vrai que nos idées ont des proprietez réelles, par lesquelles elles different les unes des autres : car les modalitez de l'esprit, telles que sont nos idées, sont quelque chose, & ont de veritables proprietez & different entr'elles, aussi-bien que les modifications du corps. En effet, selon l'Auteur même, les couleurs, les sons, les odeurs, &c. sont des modifications de l'esprit ; or ces modifications sont quelque chose de positif, & elles different très-fort entr'elles : de même les phantômes de l'imagination, sont des images differentes entr'elles, qui représentent differentes choses. Mais si ce Philosophe veut prendre le terme de *réel* dans le second sens, & prétend que les proprietez que nous découvrons dans les idées, constituent ces idées autant d'Etres absolus & substanciels ; sa prétention est non-seulement fausse, mais absurde : puisqu'il s'ensuivroit, selon ses principes, que Dieu seroit un composé d'une infinité de substances, aussi réellement distinguées de la substance Divine, qu'elles seroient réellement differentes entr'elles ; comme je le ferai bien-tôt voir.

Examen du troisiéme article.

VI. *Mon esprit apperçoit encore dans les idées, l'infinité ; il voit clairement que chacune d'elles est telle, que quelque mouvement qu'il se* donne, il ne l'épuisera jamais : il y apperçoit de plus, qu'elles sont necessaires, éternelles & immuables.

Donc par les deux mêmes axiômes, les idées sont des Etres infinis, ou qui ont une réalité infinie : des Etres necessaires, éternels, & immuables.

Nous avons assez parlé dans le Chapitre septiéme de la premiere Partie, de cette prétenduë infinité de nos idées. On y a veu que c'est une pure imagination, fondée uniquement sur ce que nôtre esprit sent, qu'il ne tient qu'à lui de repeter tant qu'il voudra une dixaine de chiffres, en supposant que leur valeur croisse toûjours suivant la proportion ∴ 10. 100. 1000.

Quant à ce qui regarde la necessité que l'Auteur prétend voir clairement être renfermée dans les idées, & qui lui fait conclure que ce sont des êtres necessaires : après qu'il nous a repeté cent fois, que ce sont aussi des Etres réels qui different les uns des autres par des proprietez réelles : des Etres qui se conçoivent indépendamment les uns des autres, qui n'ont rien de commun entr'eux ; je suis surpris, qu'en avançant une telle proposition, il n'ait pas apperçû les pitoïables consequences où elle l'engageoit. Car l'existence necessaire, cette perfection qu'on nomme *aseité*, par laquelle un être existe par sa propre essence ; ne peut être renfermée que dans l'idée de l'Etre infiniment parfait, en tout sens & en toutes manieres ; & le P. M. lui-même le suppose dans sa démonstration de l'existence de Dieu : par consequent, l'on ne peut dire que nous voïons la necessité d'exister renfermée dans chaque idée ; à moins qu'on ne suppose que chaque idée est un être infiniment parfait en tout sens & en toutes manieres : or si chaque idée est un être infiniment parfait en tout sens & en toutes manieres, chaque idée est un Dieu ; autant qu'il y a d'idées, autant il y a de Dieux qui different entr'eux, par des proprietez réelles. Que les Disciples de la Raison universelle accordent cela, je ne dis pas avec la Religion, mais avec le bon sens.

R. T.
l. 3.
p. c. 3.
p. 209.

Puisqu'on ne peut dire sans extravagance que les idées soient des êtres necessaires : on ne peut pas dire pas non plus qu'elles soient des êtres éternels ; car nôtre esprit ne les aïant pas contemplées de toute éternité, sans les perdre un seul moment de veuë, il ne sçauroit conclure qu'elles soient des êtres éternels, que de ce qu'elles seroient des êtres necessaires.

De même l'immutabilité des idées, dans le sens où l'Auteur la prend, quand il les appelle des é-

F v

tres réels immuables ; supposeroit la demonstration de leur existence necessaire, ou leur infinité en tout sens.

Mais quoi, dira-t-on, n'est-il pas vrai néanmoins de dire en un sens, que les idées sont necessaires, éternelles, & immuables : n'est-ce pas sur cela que les Philosophes de l'Ecole assûrent que Dieu ne peut pas changer les essences des choses ; qu'ils admettent & dans les sciences & dans la morale, des propositions d'éternelle verité ? Je répons, qu'effectivement cela est vrai en un sens, mais bien different de celui de nôtre Auteur ; & le voilà, si je ne me trompe, ce sens où ces propositions sont vraies. La nature de chaque être, soit absolu, soit relatif, soit substance, soit mode, est quelque chose de fixe & de déterminé, puisque c'est par sa nature que chaque être est un tel être, & n'est pas tel autre :

chaque chose a sa nature propre privativement à toute autre : en un mot, telle nature est tel être ; tel être est telle nature : qui dit l'un, dit l'autre ; parce que ces deux termes signifient précisément une même chose : donc il répugne, que telle nature ne soit pas tel être, ou qu'un certain être, ne soit pas une certaine nature, mais en soit une autre.

Or l'idée de chaque chose, c'est l'image spirituelle qui représente sa nature : ainsi chaque chose a son idée fixe & déterminée, aussi-bien que sa nature : chaque être a son idée propre, qui ne sçauroit être l'idée d'un autre être : telle idée est l'idée de telle chose, & telle chose répond à telle idée. Par consequent, il répugne que telle idée ne soit pas l'idée de tel être ; autant qu'il répugne qu'une certaine nature ne soit pas une certaine chose.

Cela étant ainsi, il est clair que les vraies idées des choses, aussi-bien que leurs natures, sont necessaires en ce sens; que l'idée ou la nature de telle chose, par exemple du triangle, ne peut jamais être l'idée ou la nature d'une autre chose, par exemple du cercle : une figure bornée par trois lignes, ne peut jamais être la chose que nous appellons cercle ; mais elle est necessairement la chose qu'on nomme triangle : & une figure comprise dans une seule ligne, ne peut jamais être ce qui répond au mot de triangle ; mais elle est necessairement ce qui répond dans nôtre langue au mot de cercle : autrement, une même chose seroit triangle sans l'être, seroit & ne seroit pas cercle.

Ces mêmes idées sont éternelles en ce sens, qu'on ne peut imaginer un seul instant dans l'éternité, soit passée, soit à venir, où il n'ait été & ne doive être vrai de dire, que telle idée ou telle nature, est l'idée & la nature de telle chose.

Elles sont immuables par les mêmes raisons en ce sens, qu'il ne se peut faire que l'idée d'une chose, cesse d'être l'idée de cette chose, ou devienne l'idée d'une autre chose.

De là vient qu'on nomme propositions necessaires, & *d'éternelle verité*, celles qui ne contiennent précisément, ou n'expriment que les vrais rapports de ces vraies idées : & qu'on dit, qu'il est aussi impossible que Dieu change la nature ou l'essence des choses; qu'il est impossible que la même idée soit & ne soit pas en même temps la veritable idée de telle chose.

Enfin, c'est conséquemment à ces principes que les Philosophes Péripateticiens nient constamment que la volonté de Dieu fasse & regle la nature de chaque chose, comme le P. M. l'assûre au moins trois fois dans le seul Livre de la Recherche, quoique cela ne s'accorde guéres avec ses principes de la necessité & de l'immutabilité absoluë des idées ; & qu'une telle opinion aille à ruïner toutes les sciences, & à établir un pyrrhonisme général jusques dans la morale.

R. T. 1
Préface.
l. 4. c.
4 p.
271.
l. 5. c 1.
p. 319.

Examen du quatriéme article.

VII. *Des êtres réels, infinis, necessaires, éternels, & immuables, tels que sont les idées, ne sçauroient exister hors de Dieu:*

Donc les idées sont dans la substance de Dieu.

Aprés ce qu'on vient de voir sur les trois premiers articles touchant la prétenduë réalité, infinité, necessité, éternité, immutabilité des idées du P. M. je pourrois me contenter de dire sur celui-cy, que

de Metaphysique. 135
l'antécedent n'étant qu'un ramas de fauffetez, on ne doit pas trop s'inquieter fur la *confequence*. Mais l'occafion de dire quelque chofe fur cette confequence elle-même, eft trop belle pour la manquer.

Je prie le Lecteur de fe reffou- *R. T. 8.*
venir que le P. M. tient pour très- *p. 279.*
évident, que tout ce qui exifte ou *180.*
peut exifter, fe réduit à êtres ab- *&c.*
folus, & manieres d'être ; à des *Ecl. 12.*
fubftances, ou à de purs modes.
Par confequent les idées font dans la fubftance de Dieu, ou comme de pures manieres d'être de cette fubftance, de même, à-peu-près, que le mouvement & les figures font dans la matiere ; ou comme des fubftances, ainfi que l'on croit communément que les corps & les efprits font dans le monde. Mais felon la nouvelle Doctrine, les idées ne font point dans la fubftance divine, comme des manieres d'être *R T 2.*
de cette fubftance : on les nomme *p. 265.*
Ecl. 10.

constamment des Etres, des Etres réels; on y dit que les unes peuvent être clairement apperçûës sans les autres: manieres de parler, qui ne conviennent, sur tout chez nôtre Auteur, qu'à des substances, & ne s'entendent jamais des modes: on y enseigne que ces êtres intelligibles sont beaucoup plus nobles que les corps, & que tout le monde materiel; que produire une idée, ce seroit créer, autant & de la même maniere que si on produisoit un Ange de rien.

Quelque Malebranchiste dira, peut-être, que je n'ai pas entendu la Doctrine de son maître; qu'à proprement parler, les idées ne sont dans la substance de Dieu, ni comme des manieres d'être, ni comme des êtres ou des substances: mais qu'elles sont toutes la seule & unique substance de Dieu, entant que representative de differens êtres créez ou possibles.

de Metaphysique. 137

Mais moi, sans entrer dans le fond de cette question qui appartient au Chapitre suivant, je lui répons que son Maître se contredit donc, lorsqu'il assûre, que les idées sont des êtres réels, qui different les uns des autres par des proprietez réelles. Que l'idée de l'étenduë intelligible, par exemple, se conçoit seule & sans penser à autre chose ; qu'elle n'a rien de commun avec l'idée des nombres, ni avec une infinité d'autres réalitez intelligibles que renferme la substance Divine. Car enfin, la substance Divine n'est point plusieurs êtres réels, qui n'aïent rien de commun entr'eux : elle ne differe point de soi-même par des proprietez réelles : elle ne peut être simple & composée d'une multitude infinie d'êtres tous differens. *Ib p. 209. T. 2. p. 265 Ecl 10. E. 1 p. 10 E. 2. p. 43. 44. R. T 1. l. 5. 2. p. c. 4. p. 213.*

Terminons ce Chapitre par une réflexion que le P. M. nous four- *VIII. R 1. 2.*

nit, & qui se tourne fort naturellement contre lui-même. On doit
" bien prendre garde, dit-il, dans
" son Livre de la Methode, à ne
" se pas laisser entêter de quelque
" principe qui ne soit pas évident :
car en effet, dans combien d'erreurs, d'absurditez & de contradictions sur la nature des idées, ne
se précipitent pas les Malebranchistes, pour s'être mal-à-propos entêtez de ce faux principe ; qu'un ê-
tre intelligible, c'étoit un être réel
& distingué de nous, qui avoit la
puissance d'agir par lui-même sur
nos esprits, de les modifier, de se
manifester à eux ?

N'auroit-on pas encore bien raison d'appliquer à ces Messieurs,
ce qu'on lit dans la conclusion des
trois derniers Livres de la Recherche, en changeant seulement le
nom d'Aristote en celui du P. M.
" que si l'on considere que le P.
" M. & ses Sectateurs n'ont point

observé la regle qui ordonne de «
ne raisonner que sur des prin- «
cipes évidens ; peut-être qu'on «
méprisera sa Doctrine, malgré «
toutes les impressions avantageu- «
ses que nous en donnent ceux «
qui se laissent étourdir par des «
mots qu'ils n'entendent point. «

Chapitre IV.

De la veuë de toutes choses en Dieu.

APrés avoir montré que nous n'avons point d'idée claire de l'infini ; que Dieu n'est point l'être universel qui renferme comme ses parties, ou des participations de sa substance, tous les êtres particuliers ; que nous ne voïons point dans cette vie l'essence Divine ; que nos idées ne sont point des êtres réels, necessaires, infinis, qui existent dans la substance de Dieu : j'aurois quelque droit de conclure icy en peu de mots : donc il est faux que nous voïons quoi que ce soit en Dieu ; car le P. M. ne disconviendra pas que ces quatre opinions refutées, sont autant de principes, sans quoi sa proposition, *que nous voïons tout en Dieu*, ne sçauroit subsister.

I. Neanmoins, ce point est si capital & si essentiel, dans toute la nouvelle Métaphysique, qu'on ne peut se dispenser de le traiter en particulier. Cette admirable Doctrine fait le fond de la pluspart des Livres de l'Auteur : elle fournit la matiere de ces charmans tête-à-têtes, qu'il a dans ses Méditations avec le Verbe : elle est la source de cette prodigieuse abondance de lumieres extraordinaires qu'il répand dans ses Entretiens sur la Métaphysique, & dans ses Conversations Chrétiennes : elle lui ouvre les grands chemins qui conduisent l'esprit jusques dans le sein de la Divinité, pour y contempler au grand jour, les attributs de l'Etre suprême; les regles immuables de sa conduite dans la création, & le gouvernement de l'Univers; tous les ressorts enfin les plus cachez de l'ordre surnaturel de la grace: Mysteres dont l'Ecriture-Sainte ne nous donne qu'une connoissance obscure, aimant mieux nous conduire par la Foy que par l'intelligence; mais que le sublime Méditatif nous développe, sur tout dans son traité de la Nature & de la Grace, avec une clarté qui, si on l'en croïoit, ne laisseroit plus grand-chose à la Foy. Enfin c'est, comme chacun sçait, ce merveilleux sentiment, *qu'on voit tout en Dieu*, qui distingue les Malebranchistes de tous les autres Philosophes, en les élevant par une prérogative très-singuliere, à l'émi-

nente qualité de nourrissons du Verbe, qui les repaît de sa propre substance, les rend sages de sa sagesse, illuminez de sa lumiere. Aussi le P. M. a t-il emploïé tout son esprit à prouver de son mieux, cette belle & magnifique découverte : premierement, dans la seconde Partie du troisiéme Livre de la Recherche de la Verité, ensuite dans un long éclaircissement qu'il a donné sur ce sujet, & dont voicy quelques paroles bien remarquables : "Ce principe, dit-il, qu'il
" n'y a que Dieu qui nous éclaire,
" & qu'il ne nous éclaire que par
" la manifestation d'une raison ou
" d'une sagesse immuable & neces-
" saire, me paroît si conforme à
" la Religion ; que dis-je, si abso-
" lument necessaire pour donner à
" quelque verité que ce puisse ê-
" tre un fondement certain & in-
" ébranlable ; que je me crois in-
" dispensablement obligé de l'ex-

R T. 2.
p. 252.
Ecl. 10.

de Métaphysique.

pliquer & de le soûtenir autant « qu'il me sera possible : j'aime « mieux qu'on m'appelle visionnai- « re, qu'on me traite d'illuminé, « & qu'on dise de moi tous ces bons « mots que l'imagination, qui est « toûjours railleuse dans les petits « esprits, a de coûtume d'opposer « à des raisons qu'elle ne comprend « pas, ou dont elle ne se peut dé- « fendre. «

C'est ainsi que le modeste Ecrivain traite lui-même par avance tous ceux qui pourroient dans la suite ne pas approuver ses sentimens. Voïons cependant s'il a tant de droit de leur donner ces épithétes méprisantes.

II. Avant que de m'engager dans le fort de la dispute, je prie qu'on me permette d'escarmoucher, pour ainsi dire, sur trois ou quatre petits articles, dont la discution disposera l'esprit à mieux entendre ce que nous dirons après.

144 *Réfut. d'un nouveau Syst.*

T. 1. l.
3. 2. t.
c. 6. p.
217.

Premierement, j'ai de la peine à comprendre comment le P. M. prétend, dans un endroit de la Recherche, « qu'on peut dire, selon » ses principes, qu'on ne voit pas » tant les idées des choses, que les » choses mêmes que les idées re- » présentent. Lui qui ajoûte quatre » lignes aprés, que nous voïons tous » les êtres, à cause que Dieu veut » que ce qui est en lui qui les repré- » sente, c'est-à-dire l'idée, nous soit

c. 1. p.
204.

» découvert. Lui qui avoit dit quelques pages auparavant, « il faut » bien remarquer qu'afin que l'es- » prit apperçoive quelque objet, il » est absolument necessaire que l'i- » dée de cet objet lui soit actuelle- » ment présente, il n'est pas possi- » ble d'en douter; mais il n'est pas » necessaire qu'il y ait au dehors » quelque chose de semblable à » cette idée..... pour les choses » qui sont au dehors de l'ame,

205.

» nous ne pouvons les appercevoir que

que par le moïen des idées, &c. " Lui qui prouve par tout, que les corps n'étant pas intelligibles ni visibles par eux-mêmes, nous ne pouvons les voir que dans leurs idées, & par leurs idées : " il est clair, dit-il, " dans sa réponse à M. Regis, que l'é- " tenduë materielle ne peut agir effi- " cacement & directement dans nô- " tre esprit, elle est absolument in- " visible par elle-même : il n'y a " que les idées intelligibles qui puis- " sent affecter les intelligences. Il " est certain, avoit-il dit peu aupa- " ravant, qu'on ne voit les corps " que dans l'étenduë intelligible & " générale renduë sensible & par- " ticuliere par la couleur. Je ne croi " pas que l'Auteur puisse bien se justifier de cette petite contradiction; car ce qu'on appelle voir les corps, n'est autre chose, selon lui, qu'avoir actuellement présente à l'esprit l'idée de l'étenduë, qui le touche ou le modifie de diverses cou-

106.
c. 7. p.
223 l.
4. 11.
p. 29.
T. 2. p.
162
Rép. à
M. Re-
gis.

leurs, & l'on ne les sçauroit voir directement en eux-mêmes. Encore une fois, j'ai peine à comprendre comment aprés cela le P. M. prétend, „ qu'on peut dire se-„ lon ses principes, qu'on ne voit „ pas tant les idées des choses, que „ les choses mêmes que les idées „ représentent?

1b l. 3.
2.p c.6.
p. 117.
En second lieu, je suis embarassé à accorder les deux parties de cette proposition que fait nôtre Auteur : „ ce que les esprits voïent „ en Dieu, est très-imparfait, & „ Dieu est très-parfait. Car tout ce qu'on voit en Dieu, est effectivement en Dieu, sur tout selon les nouveaux principes : or ce qui est en Dieu, est Dieu même : par consequent, si Dieu est très-parfait, ce qui est en Dieu est aussi très-parfait : ainsi il est faux que ce qu'on voit en Dieu soit très-imparfait. Les Théologiens diroient bien que ce que les Bienheureux voïent en

Dieu, ils le voïent d'une maniere imparfaite : mais ils ne diroient pas, que ce qu'ils y voïent est très-imparfait, parce qu'ils ne pensent pas que Dieu puisse être un Tout très-parfait, qui résulte d'un assemblage de parties, dont chacune prise séparément, soit très-imparfaite.

En troisiéme lieu, le P. M. enseigne que la connoissance que nous avons des corps, par exemple du soleil, d'une maison, d'un cheval, d'une riviere, &c. est très-parfaite ; parce que c'est en Dieu & par leurs idées, que nous voïons ces corps & leurs proprietez ; & que, lorsqu'on voit les choses comme elles sont en Dieu, on les voit toûjours d'une maniere très-parfaite.

Mais j'avoüe que cette Doctrine me paroît fort inconcevable ; & voicy les raisons de mon embarras. Selon l'Auteur, toutes les idées que nous avons des corps, se réduisent à des figures intelligibles ou idéales qui se présentent à nos esprits, & en touchant vivement l'ame, nous font imaginer des couleurs répanduës sur ces figures ou portions d'étenduë intelligible ; par le moïen desquelles couleurs, l'esprit apperçoit des surfaces d'une certaine hauteur & largeur déterminée. » Il est certain, dit-il, qu'on » ne voit les corps que par la couleur, & qu'on ne peut, en les » regardant, distinguer leur diffe- » rente nature (c'est à-dire les dis- » tinguer les uns des autres) que » par la difference des couleurs.... » Si donc je vois présentement ce » livre, ce bureau, ce plancher, » & si je juge de leur difference, & » de celle de l'air d'alentour ; c'est » que l'idée de l'étenduë, selon ses » diverses parties, modifie mon » ame, là d'une couleur, & icy » d'une autre..... Cela étant ainsi,

T. 1. p.
161.
162
Rép. à
M. Regis.

ce qu'on appelle voir les corps, « n'est autre chose, qu'avoir ac- « tuellement présente à l'esprit l'i- « dée de l'étenduë, qui le touche « ou le modifie de diverses cou- « leurs.... Il est donc certain qu'on « ne voit les corps que dans l'éten- « duë intelligible & générale, ren- « duë sensible & particuliere par la « couleur, &c. Or je demande si le phantôme composé d'un cercle intelligible ou idéal d'un pied & demi de diamétre, & d'un sentiment de couleur rouge imaginée, comme répanduë sur la surface de ce cercle; peut s'appeller l'idée qui me représente d'une maniere très-parfaite, & l'essence & les proprietez de ce corps que je nomme soleil? N'est-il pas au contraire évident, que cela ne peut s'appeller une idée juste & veritable du soleil; que cette idée n'a nulle vrai rapport au soleil; que bien loin de m'en découvrir la nature, elle ne m en fait pas seulement connoître ni la grandeur, ni la figure extérieure : puisque très-certainement le soleil n'est pas une surface circulaire d'un pied & demi de diamétre, sur laquelle soit répanduë une couleur rouge. De même, une portion d'étenduë idéale taillée, pour ainsi dire, sur la figure exterieure d'un cheval, & peinte d'une couleur noire, blanche ou grise : peut-elle s'appeller l'essence intelligible de cet animal, qui me découvre d'une maniere très-claire & très-parfaite, la nature & les proprietez de cette bête? j'aimerois autant que nôtre Philosophe assûrast, que le tableau de Bucephale, est un cheval aussi réel, que celui qu'Alexandre montoit ; & qu'il a toute la force, tout le courage, toute l'adresse, & tous les instincts du premier.

Ajoûtons que les portions d'étenduë intelligible, que nôtre esprit apperçoit à la présence des corps, peuvent être, par les raisons qu'on lit au premier Livre de la Recherche, fort inégales & tout-à-fait differentes par rapport à differentes personnes, à cause des differences qui se trouvent dans les organes de la veuë : il faudra donc dire qu'un même corps pourra être représenté par cent, par mille idées, qui toutes seront veuës en Dieu, & feront connoître d'une maniere également parfaite, sa nature & ses proprietez, quoiqu'il n'y ait pas deux de ces idées qui soient semblables.

L'Auteur fait encore consister la difference essentielle des corps, dans la configuration particuliere des parties insensibles de chacun : c'est cette configuration qui les fait tels corps, & qui constituë leur nature propre, c'est d'elle que dépendent leurs proprietez. Or il est certain que l'idée d'un cercle, d'un quarré, d'une surface, de quelque manière qu'elle soit bornée, & de quelques couleurs qu'on la pare, ne nous découvre que la figure extérieure, & non point les configurations des parties extérieures & insensibles des corps.

Concluons donc qu'il est très-faux, quoi qu'en dise l'Auteur, que les idées que nous avons des corps soient très-parfaites, qu'elles nous découvrent la nature & les proprietez de ces corps, par exemple du soleil, d'un cheval, &c. Je m'étonne même que ce grand génie, qui a tant déclamé contre les erreurs des sens & de l'imagination, qui recommande si souvent de distinguer les idées d'avec les perceptions sensibles, confonde lui-même de grossiers phantômes avec les vraies idées des choses, jusqu'à prendre ceux-là pour celles-cy. Mais il est bien plus ridicule encore de lui voir placer ces idées apocryphes, dans Dieu même : comme si l'idée que Dieu a du soleil, étoit ce qu'imaginent les petits enfans quand ils pensent à cet astre ? Cette remarque pourroit fournir bien d'autres réfléxions sur la vanité des paroles de l'Auteur, lorsqu'il se vante si souvent de voir dans l'essence Divine, les idées claires de toutes choses ; lorsqu'il assûre qu'il voit comme Dieu même, dans la lumiere de Dieu, tout ce qu'il connoît clairement ; lorsqu'il veut persuader à ses Disciples qu'ils n'ont qu'à apprendre de lui à interroger le Verbe, pour découvrir aussi-tôt dans la sagesse éternelle, les essences & les rapports de tous les êtres créez & possibles. *Quid tanto dignum feret hic promissor hiatu ?* A quoi aboutiront toutes ces magnifiques assûrances ? elles aboutiront à dire, que quand j'ouvre les yeux sur une prairie, & que je suis frappé des couleurs de

154 *Réfut. d'un nouveau Syst.*

R. T. 2. P. 161 Rép à M. Regis. mille petites fleurs differentes; alors j'ai des idées très-parfaites de tous ces corps, parce que c'est en Dieu & comme Dieu même que je les vois : cependant je sens que je ne puis assigner, ni la nature, ni la moindre proprieté d'aucune, & qu'il y a peu de choses au monde sur quoi je sois plus ignorant, que sur ce qui regarde un brin d'herbe.

III. Aprés ces préliminaires, venons au fond de la question. Pour la traiter avec quelque ordre & ne rien obmettre de ce qui la regarde; je remarque premierement que le P.

R. T. 1. l. 3. 2. partie. M. parle à toutes les pages de ses Livres, des choses que nous voïons nettement dans la substance de Dieu : des idées claires que nôtre esprit trouve dans la vaste étenduë du monde intelligible : de la fécondité des connoissances évidentes qu'on découvre, quand on sçait interroger la raison universelle qui éclaire les intelligences, &c. comme si il n'y avoit point d'êtres dans l'Univers, dont la nature & les proprietez les plus intimes, ne fussent exposées aux yeux de quiconque voudroit les jetter dessus ; comme si nôtre esprit avoit toûjours présente une multitude prodigieuse de toutes sortes d'idées, les plus distinctes & les plus lumineuses, sur quelque matiere que ce pust être, à quoi il vouluft s'appliquer ; comme si il ne falloit qu'être Malebranchifte pour poffeder la fcience univerfelle, & devenir infaillible dans toutes les connoiffances qui peuvent être du reffort de l'efprit humain.

Secondement, l'Auteur aprés avoir ainfi fait parade de la prétenduë abondance de fes idées claires, établit en affez peu de mots, comme chofe qui ne fouffre pas grande difficulté, que nous pouvons voir ces idées dans la fubftance de Dieu.

Ib.

& E.

&
M.

Troisièmement, cette possibilité supposée sans beaucoup de preuves, il cherche & apporte des raisons qu'il donne toutes comme autant de démonstrations de la derniere évidence, pour montrer qu'en effet c'est en Dieu que nous voïons toutes ces idées. Mais sur tout, il a recours à l'autorité de saint Augustin pour appuïer ce fait; il accumule dans la Préface des Entretiens sur la Métaphysique, quantité de passages de ce Pere qu'il paroît avoir trouvé ailleurs que dans les Ouvrages même du saint Docteur.

Ib. R. p.
218
221
223
226
&c c
6. & 7.

Mon dessein est donc, pour réfuter pied à pied toute cette pompeuse Doctrine, de montrer 1°. que le P. M. ne parle pas conséquemment, lorsqu'il veut faire accroire à ses Lecteurs qu'il voit tous les êtres, qu'il a les idées de toutes choses présentes à l'esprit : parce que, selon lui-même, le nombre des idées que nous avons est très-petit. 2°. Qu'il n'est pas possible que nous voïons en Dieu, ce peu d'idées que nous avons. 3°. Que les raisons qu'il apporte pour prouver son sentiment, ne sont rien moins que des démonstrations. Pour ce qui regarde l'autorité de saint Augustin, nous en parlerons dans le dernier Chapitre de cette Partie. Commençons.

ARTICLE I.

Du petit nombre d'idées qu'a nôtre esprit.

IV. Il n'est pas necessaire que j'avertisse icy, qu'on doit prendre ce mot *idée* dans son sens le plus éxact, tel que nous l'avons expliqué au commencement du chapitre précedent : car ce n'est que de ces idées proprement dites, que l'Auteur entend parler, lorsqu'il assûre que

158 *Refut. d'un nouveau Syst.*
nous les voïons en Dieu ; que c'est par elles que nous découvrons, dans la substance Divine, les essences & les proprietez des choses : cela supposé.

Le P. M. voulant, dans son Livre de la méthode, marquer les veritez & les sciences où se rencontre l'évidence, afin qu'on s'y applique préferablement aux autres, se trouve réduit à l'Arithmétique & la Géométrie : » parce » que, dit-il, nous avons en nous » les idées des nombres & de l'é- » tenduë, les plus claires, les plus » distinctes, les plus évidentes de » toutes ; ainsi il est clair que pour » éviter l'erreur, on doit plûtôt » raisonner sur ces idées des nom- » bres & de l'étenduë, que sur les » idées confuses ou composées de » Physique, de Morale, de Mé- » canique, de Chymie, & de tou- » tes les autres sciences.

Il parle encore ainsi dans le troi-

R T. 2.
l. 6. 2.
p. . 6
p 72.
74. 75.

de Metaphysique. 159

siéme Livre de la Recherche : « T. 1. l.
Nous avons de la peine à nous per- « 3. 2. p.
suader qu'il y ait des êtres diffe- « c 7. p.
rens de Dieu, de nous, des corps, « 226.
& des purs esprits : & nous trou- «
vons fausses les raisons des Phi- «
losophes qui prétendent le con- «
traire. «

Il avoit déja dit, quelques pages auparavant : Toutes les cho- «
ses qui sont en ce monde, dont «
nous aïons quelque connoissan- « 16. p.
ce, sont des corps ou des esprits, « 223.
proprietez de corps, proprietez «
d'esprits. On ne peut doûter que «
l'on ne voïe les corps avec leurs «
proprietez par leurs idées.. Je «
veux dire que nous ne pouvons «
désirer d'avoir une idée plus dis- «
tincte & plus féconde de l'éten- «
duë, des figures & des mouve- «
mens, que celle que Dieu nous «
en donne.... Il n'en est pas de «
même de l'ame ; nous ne la con- «
noissons point par son idée, nous «

» ne la voïons point en Dieu...
» nous n'avons point d'idée claire
» de la nature ni des modifications

16 p. » de nôtre ame.... Pour les ames
125. » des autres hommes, & les pures
» intelligences, Anges, Démons ;
» il est manifeste que nous ne les
» connoissons que par conjecture ;
» nous ne les connoissons ni en el-
» les-mêmes, ni par leurs idées,
» ni par conscience.

T. 2. p.   Enfin, il s'explique nettement
261. dans l'Eclaircissement. » De-là, dit-
262. » il, on peut juger que c'est en
Ecl. 10. » Dieu... que l'on voit tout ce
» qu'on connoît par lumiere ou
» idée claire, non-seulement par-
» ce qu'on ne voit par lumiere que
» les nombres, l'étenduë, & les
» essences des Etres.... mais en-
» core, &c.

  Sur ces Passages, voicy, ce me semble, comme on peut raisonner : Il n'y a, selon l'Auteur, aucune chose au monde dont nous aïons quelque connoissance, que des esprits & des corps, proprietez d'esprit, proprietez de corps : or nous n'avons point d'idées d'esprits ni de leurs proprietez : donc nous n'avons d'idées que des corps. Mais nous n'avons pour toute idée des corps, que la seule idée de l'étenduë qui devient sensible en differentes manieres par les differentes couleurs dont elle nous affecte, & nous représente ainsi divers corps. Donc toute cette abondance d'idées tant vantée dans les Ouvrages de l'Auteur, se réduit de son propre aveu, à la seule idée de l'étenduë : & quand ce Philosophe publie avec emphase, ,, qu'il est certain que ,, tous les êtres, que les idées de ,, toutes choses nous sont présen- ,, tes dans Dieu ; que nôtre esprit ,, les voit continuellement, quoi- ,, que dans une confusion inexpli- ,, cable, à cause de leur multitude ,, infiniment infinie, & toûjours ,,

Ci-dessus n. 111.

*R T 1.
l. 3. 2.
p 6.
p 218.
121.*

» cependant, avec pouvoir de s'en
» approcher & de les rendre clai-
» res par son attention : Tout cela
ne signifie rien autre chose, sinon
que nous avons la seule & unique
idée de l'étenduë, à laquelle il ne
tient qu'à nous de penser.

 Je dis la seule idée de l'étenduë ; car il est manifeste que les
idées de figure & de mouvement,
ne sont point des especes d'idées
differentes de l'idée de l'étenduë;
puisqu'elles ne sont que des modifications de l'idée de l'étenduë,
comme la figure même & le mouvement ne sont que des manieres
d'être de l'étenduë. Quant à ce qui
regarde les idées des nombres,
que l'Auteur ajoûte, il n'est pas
non plus fort difficile de concevoir,
ci après ce que nous expliquerons bien-
N. IX. 5. tôt, comment elles ne sont que
des *affections* de l'idée de l'étenduë ; car il suffit que l'idée de l'é-
tenduë me représente pluralité de

de Metaphysique. 163
parties, pour que j'aie dès-là, des idées des nombres & que je voïe leurs rapports. Ainsi ces idées des nombres, aussi bien que celles de figures & de mouvement, se réduisent encore à l'étenduë, comme des déterminations & des modifications de cette idée, des manieres de la considerer.

L'Auteur à la verité, fait encore mention dans le dernier Passage, *des essences des êtres*, outre les idées de l'étenduë & des nombres : mais en cela il ne parle pas conséquemment ; car, puisque dans le second & le troisiéme Passages, il avoüe qu'il n'a connoissance que de trois sortes d'êtres, Dieu, corps & esprits ; & que dans le troisiéme, il déclare qu'il ne connoît pas les esprits, soit ames, soit Anges, soit Démons, par leurs idées : il s'ensuit que ces essences des êtres se réduisent à la seule essence du corps, 1. part. encore supposé, ce que nous avons Ch. 2.

démontré faux, que ce fust l'étenduë actuelle qui constituast l'essence du corps. Car ce n'est pas de l'essence de Dieu dont il s'agit icy, où l'on ne parle que des êtres particuliers que l'Auteur s'imagine voir en Dieu : ajoûtez qu'il n'accorde pas volontiers lui-même que nous voïons l'essence de Dieu, du moins en prenant ce mot pour signifier l'Etre absolu de Dieu.

Néanmoins je veux bien ne point agir en rigueur avec le P. M. je lui passe liberalement que les idées de l'étenduë, des figures, des nombres & du mouvement, soient autant de differentes especes d'idées : je consens encore qu'il dise, que nous avons une prodigieuse multitude d'idées de differentes figures, & que nous voïons des nombres à l'infini.

Du moins sera-t-il constant, après lui avoir ainsi accordé tout ce qu'il lui aura plû de demander, que toutes les choses que nous voïons en Dieu dans sa lumiere & par des idées claires, se réduisent à l'étenduë, aux figures, aux nombres, & au mouvement : cela supposé, examinons s'il est possible que l'esprit voïe ces sortes de choses dans la substance de Dieu.

ARTICLE II.

De l'impossibilité de voir en Dieu, les choses dont nous avons les idées.

V. Le P. M. pour montrer qu'il est possible que nous voïons toutes choses en Dieu, dit : « 1°. Que « toutes les créatures, même les « plus materielles & les plus ter- « restres sont en Dieu, quoique « d'une maniere toute spirituelle, & « que nous ne pouvons compren- « dre : qu'ainsi Dieu voit au dedans « de lui-même tous les êtres, en «

» considérant ses propres perfec-
» tions qui les représentent.

» 2°. Que par conséquent l'es-
» prit peut voir en Dieu les Ouvra-
» ges de Dieu, supposé que Dieu
» veuille bien lui découvrir ce qu'il
» y a dans lui qui les représente ;
» puisque cela est très-spirituel,
» très-intelligible, très-présent à
» l'esprit.

R.T. 1.
L. 3. 2.
P. 5
& 6 p.
215
216.

Pour refuter cette belle imagination, il ne faut quasi que déterminer le vrai sens de ces deux propositions, en substituant à la place des mots vagues & imposans de *créatures* & d'*Etres*, ceux d'*étenduë*, de *figures*, de *nombres*, & de *mouvement*; qui sont, comme on vient de voir, les seules choses que nôtre esprit pût voir en Dieu, selon l'Auteur lui-même. Voilà donc ce que veut dire le P. M. 1°. L'étenduë & ses figures, & son mouvement, & les nombres, sont en Dieu qui les voit au-dedans de lui-même en considerant ses perfections. 2°. Par consequent l'esprit humain peut voir en Dieu l'étenduë, & ses figures, & son mouvement, avec tous les nombres; supposé que Dieu veuille bien lui découvrir ses perfections. En verité, où est l'homme de bon sens qui puisse supporter un langage pareil ? puisque le P. M. lui-même ne sçauroit comprendre ce qu'il nous dit, ainsi qu'il l'avoüe dans la premiere proposition. Pourquoi le débite-t-il avec tant d'assûrance, jusqu'à dire cent fois, de cette bizarre opinion, qu'elle est de la derniere évidence ?

Développons encore davantage sa pensée en l'écoutant s'expliquer lui-même, pour éclaircir cette matiere. *T. 2. p. 267. 268. 269. Ecl. 10.*

10. *Tous les êtres sont en Dieu:* cela veut dire suivant l'Eclaircissement, " que Dieu renferme en lui-même une étenduë idéale ou in-

» telligible infinie, & par consé-
» quent des figures intelligibles, &
» intelligiblement mobiles, dont on
» apperçoit quelques-unes tourner
» sur leur centre, ou s'approcher
» successivement des autres. Toute
» étenduë intelligible pouvant donc
» être conçuë circulaire, ou avoir
» la figure intelligible d'un cheval,
» ou d'un arbre ; toute étenduë in-
» telligible peut servir à représenter
» le soleil, un cheval, un arbre ; &
» par conséquent être soleil, arbre,
» cheval du monde intelligible.

20. *L'esprit peut voir en Dieu tous ses Ouvrages :* c'est-à-dire,
» qu'il peut appercevoir une par-
» tie de l'étenduë intelligible que
» Dieu renferme, en voïant en dif-
» ferentes manieres la substance de
» Dieu, entant que participable par
» la créature corporelle. Ainsi,
» comme l'esprit peut appercevoir
» une partie de cette étenduë in-
» telligible que Dieu renferme, il
est

certain qu'il peut appercevoir en «
Dieu toutes les figures ; car tou- «
te étenduë intelligible finie, est «
necessairement une figure intelli- «
gible. De plus on voit, où l'on « 267.
sent tel corps : lorsque son idée, «
c'est-à-dire, telle figure d'éten- «
duë intelligible & générale de- «
vient sensible & particuliere par «
la couleur, ou par quelque autre «
perception sensible dont son idée «
affecte l'ame... & c'est par là que «
le soleil, les chevaux, & les ar- «
bres du monde intelligible, de- « 269.
viennent soleil, chevaux, & ar- «
bres du monde sensible. «

Pour le mouvement : « l'éten- «
duë intelligible est immobile, mê- « 268.
me intelligiblement, en ce sens «
que les volontez de Dieu ne chan- «
gent rien dans sa substance, & «
ne la meuvent pas : mais, quoi- «
qu'on suppose que les parties in- «
telligibles de l'idée de l'étenduë, «
gardent toûjours entr'elles le mê- «

» me rapport de distance intelligi-
» ble ; cependant si l'on conçoit
» quelque étenduë créée qui cor-
» responde à quelque partie de l'é-
» tenduë intelligible comme à son
» idée ; l'on pourra par l'idée mê-
» me de l'espace, quoi qu'intelli-
» giblement immobile, découvrir
» que les parties de cette étenduë
» créée sont mobiles, puisque l'idée
» de l'espace, quoique supposé in-
» telligiblement immobile, repré-
» sentant necessairement toutes sor-
» tes de rapports de distance, elle
» fait concevoir que les parties d'un
» corps peuvent ne pas garder en-
» tr'elles la même situation, &c.

Voilà ce que j'ai pû ramasser de plus net & de plus clair, de tout l'éclaircissement que le P. M. donne à sa pensée. Aprés cela, il ajoûte ces paroles : » Je n'ose pas m'en-
» gager à traiter ce sujet à fond, de
» peur de dire des choses trop ab-
» straites & trop extraordinaires ;

ou si on le veut, pour ne pas me ha- «
zarder à dire des choses que je ne «
sçai point, & que je ne suis pas capa- «
ble de découvrir. Voilà bien de la «
prudence & de la modestie : mais je
crains qu'on ne dise, qu'elles sont ve-
nuës trop tard au secours de l'Auteur. Elles lui auroient, à mon avis,
rendu un meilleur service si elles
eussent empêché les premieres dé-
marches qui l'engageoient dans une
route où il devoit se perdre si-tôt.

Aprés ce peu de réflexions qui
montrent tout au moins que le
Chef du nouveau Systéme avance
des choses fort opposées au commun sentiment des personnes raisonnables ; qu'il est lui-même é-
trangement embarassé à démêler
ce qu'il veut dire, & que ces explications ressentent un peu le galimatias : venons maintenant à des
preuves plus directes de la fausseté de son opinion. Pour cela, examinons d'abord la premiere propo-

tion par toutes ses parties, sçavoir; *que tous les êtres, même les plus terrestres sont en Dieu, & que Dieu les voit au dedans de lui-même, en considerant ses propres perfections.* Et afin de faire cet examen avec plus d'exactitude & de détail, supposons que Théodore parle lui-même, en donnant à cette proposition tous les jours que le P. M. tâche effectivement de lui donner dans ses Ouvrages : & que quelqu'un lui répond précisément à chaque article. Commençons.

VI.   *Théodore.* Toutes les créatures, même les plus materielles, sont en Dieu. *Réponse.* Tout ce qui est en Dieu, est Dieu lui-même : or les créatures ne sont point Dieu : donc elles ne sont point en Dieu.

Théodore. Quand je dis que les créatures sont en Dieu, j'entens qu'elles y sont d'une maniere spirituelle, & que nous ne pouvons comprendre. *Réponse.* Si par cette maniere spirituelle dont les créatures sont en Dieu, vous n'entendiez rien autre chose, sinon que Dieu connoît très-clairement toutes ses créatures, & voit la nature & les proprietez de chacune : tout le monde seroit de vôtre sentiment; & il ne faudroit point dire que nous ne pouvons comprendre cette maniere ; car il n'y a personne qui re comprenne fort bien que Dieu connoît parfaitement tous ses Ouvrages ; quoique la nature & les perfections de cette Divine connoissance soient incompréhensibles aux esprits créez. Mais, si par cette maniere spirituelle dont les créatures sont en Dieu, vous entendez autre chose que ce qu'on vient de dire, vous vous trompez certainement ; & vôtre erreur est d'autant plus inexcusable, que vous êtes obligé d'avoüer que vous ne comprenez pas ce que vous dites.

Théodore. Je veux dire que les

174 *Réfut. d'un nouveau Syst.*
créatures sont en Dieu par leurs idées ; ou, si vous voulez, que les idées des créatures sont en Dieu. *Réponse.* Vous avez raison de dire qu'on ne peut comprendre la maniere spirituelle dont vous imaginez que les créatures sont en Dieu ; car Dieu est un acte très-pur & infiniment simple, qui ne peut être composé de plusieurs idées, lesquelles toutes spirituelles que vous les supposiez, sont cependant, selon vous, des êtres réels, qui different aussi réellement entr'eux que les créatures qu'ils representent. Il ne se peut faire que Dieu en considerant l'idée du corps, voïe dans son essence quelque chose qui soit different de ce qu'il y voit en considerant l'idée de l'ame : ni que le modéle archétype du cercle, & le modéle archétype du quarré, soient deux êtres réels, deux entirez distinguées dans la substance Divine.

R. T. 1.
l. 3 2.
p. c. 3.
p. 209.

Théodore. Quoi donc, Dieu n'a-t-il pas en lui-même les idées archétypes, les modéles éternels de tous les êtres qu'il a créez ; puisqu'autrement il n'auroit pas pû les produire ? *Réponse.* Vous tombez, Théodore, dans un défaut que vous reprochez souvent aux autres, qui est d'humaniser Dieu, en jugeant mal-à-props de lui par ce qui se passe en nous, en lui attribuant nos propres imperfections. Il est vrai que les idées des choses que nous connoissons, sont en nous autant de differens actes ou de differentes modifications de nôtre esprit, autant de differentes perceptions représentatives de ces choses, autant de differentes images spirituelles que nous nous formons de ces objets : mais il n'en va pas de même à l'égard de Dieu; lorsque nous disons, suivant nôtre maniere de concevoir & de parler, que Dieu a les idées de toutes choses ; la raison & la Foy corrigent le sens grossier & impertinent que cette proposition pourroit faire naître, en nous apprenant que cela ne signifie rien autre chose, sinon que Dieu connoît parfaitement toutes choses ; mais sans multiplicité d'images ou d'especes, mais par un acte très-pur, très-simple, éternel & necessaire ; par lequel même acte il produit & veut toutes choses aussi-bien qu'il les connoît ; acte qui ne souffre ni composition, ni modification, ni changement ; acte substantiel, qui est Dieu même.

R.T. 2.
p. 251
Ecl. 10.
&c.
    Théodore. C'est une chose que j'ai souvent dite, & que je ne sçaurois trop repeter : ce qui est abstrait, est incompréhensible à la plûspart des hommes ; c'est le sensible qui les réveille ; ils ne peuvent considerer ce qui ne tombe point sous les sens, ni sous l'imagination ; on aime mieux en croire

sur sa parole, un misérable Aristote, que de rentrer en soi-même, pour y recevoir les réponses du souverain Maître ; on fait le travail de la méditation. *Réponse.* On ne prétend point rejetter vôtre sentiment, parce qu'il est abstrait ou contraire à la Doctrine d'Aristote : bien moins encore parce que vous dites des choses qui ne tombent pas sous les sens, & sous l'imagination : au contraire, on le refute, parce qu'il choque manifestement la plus pure raison ; qu'il répugne à l'idée la plus juste que nous aïons de Dieu ; qu'il tend à faire un Dieu tout imaginaire & tout sensible ; qu'il n'est que le fruit de l'imagination même, qui nous fait juger de l'être infiniment parfait comme de l'esprit créé, & lui fait attribuer ce que nous sentons en nous. En un mot, on ne refuse point de faire taire les sens & l'imagination, pour tâcher de découvrir la nature de ces Divins archétypes, de ces idées éternelles qui sont en Dieu ; si vous voulez nous aider un peu, en nous disant plus précisément, ce que vous entendez par ces beaux noms.

Théodore. Il ne faut qu'ouvrir les yeux de l'esprit sur ce vaste monde où il habite, pour y voir le modéle éternel ou l'archétype de la matiere, je veux dire l'étenduë intelligible ; pour y découvrir une multitude infiniment infinie de figures intelligibles & intelligiblement mobiles, triangles, quarrez, cercles, poligones de toute espece ; une infinité de nombres intelligibles & nombrans ; enfin une infinité de réalitez & de perfections intelligibles qui n'ont rien de commun entr'elles, & qui se trouvent rassemblées dans l'être universel.

Réponse. Je vous avoüe que voilà bien de l'intelligible que je n'entens point, je suis même tenté de douter que vous l'entendiez vous-même. En effet, pour ce qui regarde cette infinité de réalitez & de perfections intelligibles, vous convenez vous-mêmes qu'on n'a point d'idées claires & distinctes des perfections Divines, vous traitez les termes dont on se sert pour en parler, de termes vagues & Logiques, dont la signification n'est point précise. Reste donc à voir dans ce monde idéal, l'étenduë, les figures, les nombres & le mouvement, qui sont effectivement les seules choses que nous connoissions selon vous-même par idées. Mais je ne comprens pas qu'il puisse y avoir de l'étenduë, des figures, des nombres, & du mouvement dans Dieu : mettez tant qu'il vous plaira au bout de ces noms le mot *d'intelligible*, il ne sauve rien ; car enfin, une étenduë, une figure, un nombre, un mouvement intelligible ; c'est une étenduë, une figure, &c. capable d'être connuë par l'entendement, apperçeuë par une intelligence: or, encore un coup, il ne peut y avoir dans Dieu, ni étenduë, ni figures, ni mouvement, ni nombres capables d'y être connûs par nôtre entendement, d'y être apperçûs par nôtre intelligence : puisqu'il y a contradiction que la substance Divine soit étenduë, soit figurée, soit mûë, soit capable d'addition, de soustraction, de multiplication & de division. Enfin, vous avez ajoûté un mot encore plus inintelligible que tout le reste, en disant que toutes ces choses intelligibles que nôtre esprit voit dans le monde idéal, ou dans Dieu, n'ont rien de commun entr'elles : Qu'est-ce que cela peut signifier, sinon que l'essence de Dieu est composée d'êtres différens; qu'elle est l'amas de plusieurs substances ? car chez vous, les idées des nombres sont des êtres réels, & l'étenduë

de Métaphysique.

intelligible est une substance.

Théodore. Prenez garde; l'étenduë, les nombres, les figures intelligibles, sont à la verité dans l'essence Divine; mais elles ne sont point cette Divine essence : on ne peut pas dire que la substance de Dieu soit étenduë, figurée, &c. ni qu'elle soit composée de parties differentes : pour le mouvement intelligible, ce n'est que les parties de l'étenduë ou les figures intelligibles, intelligiblement mûës, c'està dire, conçûës comme tournant sur leur centre, ou s'approchant successivement d'autres parties de l'espace idéal. *Réponse.* Vous me surprenez : j'avois toûjours crû qu'il n'y avoit rien en Dieu qui ne fût Dieu lui-même, & par consequent l'essence Divine; car...

Théodore. Vous ne prenez pas ma pensée : la voicy; qui dit l'essence de Dieu, dit son être absolu qui ne represente rien : or les

T. 2 p: 168.
Rép. à M Regis. E. 2. p. 46.

16.

idées, les archétypes des créatures, c'est la substance de Dieu prise relativement à ces créatures, entant que participable par elles, entant qu'elle en est representative : par exemple, l'idée de l'étenduë, ou l'étenduë intelligible, c'est la substance de Dieu entant que representative des êtres materiels, & participable par eux ; le cercle, le quarré, & toute autre figure intelligible, c'est l'étenduë même intelligible dont Dieu fait l'application à nôtre esprit en mille & mille differentes manieres, & avec des bornes également ou inégalement distantes du centre. Les nombres intelligibles ou nombrans, c'est aussi l'essence Divine qui nous éclaire, selon sa réalité relative aux nombres nombrez. Ainsi vous voïez que les idées sont dans Dieu, dans l'essence Divine, sans être l'essence Divine. *Réponse.* Je ne le vois nullement. Je conclus au contraire

de Métaphysique. 183

de vôtre explication, que les idées ne sont en aucune façon distinguées de Dieu ni de son essence ; qu'elles sont l'essence même Divine : car voilà comme je raisonne : les idées de l'étenduë, des nombres & des figures sont l'essence de Dieu entant que relative aux êtres, & aux manieres des êtres créez ; or l'essence de Dieu entant que relative, est toûjours l'essence de Dieu ; ou si vous voulez, l'être de Dieu relatif est identifié avec l'être de Dieu absolu ; ce ne sont point deux êtres, c'est le même être individu & infiniment simple : donc les idées de l'étenduë, des figures, & des nombres, sont veritablement & réellement l'essence & l'être de Dieu. Mais selon vous, cette idée d'étenduë ou cette étenduë intelligible, a des parties qui gardent entr'elles certains rapports de distance : elle est impénétrable à sa façon ; car, dites vous, deux pieds

R. T 2º
p. 265.
266.
Ec. 10.
E 1. p.
27.

de cette étenduë, ne peuvent pas n'en faire qu'un ; selon vous, les idées des figures ou les figures in-

E. 1 R. telligibles, sont des portions de l'é-
T. 2 p. tenduë idéale, dont l'esprit consi-
267.
Ecl. 10. dere certaines parties, sans penser aux autres ; selon vous, les idées

E 2. p. des nombres ou les nombres intel-
44. &c. ligibles sont commensurables en-tr'eux, parce qu'ils ont l'unité pour commune mesure, ils sont le sujet d'une infinité de rapports. Enfin, selon vous, toutes ces idées

Ib. sont autant de réalitez, & réalitez plus veritables & plus solides que la terre & tous les êtres corporels

R.T 1 & spirituels que Dieu a créez, par-
l. 3 2. ce que ces êtres ne sont pas né-
p. c. 3
p. 209 cessaires comme les idées : réali-
E. 1 p. tez toutes differentes entr'elles,
43. 44. qui n'ont rien de commun. Par consequent, selon vous encore une fois, l'essence de Dieu est un composé, un assemblage d'une infinité d'être très-réels & tous differens

elle est étenduë réellement & impénétrable ; elle a des parties actuellement distantes les unes des autres ; elle est susceptible de mofications & de bornes, on en peut voir mille portions diversement taillées ; elle est toutes sortes de nombres, dont les uns peuvent multiplier ou diviser les autres ; dont ceux-cy sont la moitié, le tiers, le quart, la racine de ceux-là, &c. Sérieusement, je ne vois pas que vous puissiez vous démêler de ces difficultez ; à moins que de dire tout net, que l'essence de Dieu, c'est selon vous, l'idée universelle d'être *ut sic*, laquelle renferme les idées particulieres des êtres particuliers, & de toutes leurs manieres d'être ; comme tout genre renferme ses parties subjectives, permettez-moi ces termes d'Ecole : car alors on concevra que les idées particulieres seront dans vôtre Dieu ou dans l'idée universelle *d Etre*, sans être cette idée là même, ni l'essence de vôtre Dieu : de même que l'idée de cheval est renfermée dans l'idée d'*animal*, sans être cette idée même d'animal en général : on comprendra encore que l'essence de vôtre Dieu ne sera point proprement composée, quoi qu'elle renferme une infinité d'idées très-differentes entr'elles : de même que l'idée générique d'animal, demeure très-simple en soi, quoi qu'elle contienne sous soi mille differentes idées d'animaux differens, &c. mais à Dieu ne plaise que je vous croïe dans des sentimens si horribles.

Théodore. Ah, vous ne sçauriez rentrer en vous-même pour interroger la raison, fatigué du travail de l'attention, vous écoutez vôtre imagination & vos sens ; vous ne faites pas réfléxion que cette étenduë & ses parties, ces figures, ces nombres qui sont en Dieu, tout cela est intelligible. *Réponse.* Pardonnez-moi, j'y fais réflexion ; mais quelque réflexion que j'y fasse, ces mots *d'intelligible & d'intelligiblement* que vous ajoûtez, ne me paroissent point du tout remedier aux inconveniens que je vous objecte ; car, comme je vous ay déja dit, étenduë, figures, nombres intelligibles, ce n'est autre chose, qu'étenduë, figures, nombres capables d'être veus par l'entendement : or si l'essence de Dieu est une étenduë très-réelle, des figures très-réelles, des nombres très-réels, capables d'être veus par l'entendement, d'être apperçus par mon esprit : certainement l'essence de Dieu a une vraie longueur, largeur & profondeur ; elle est réellement susceptible de toutes les modifications & de toutes les limitations qui forment les figures ; elle est une table de Pythagore, un livre de Logarythmes infinis.

Théodore. Dieu n'est-il donc pas tout être : or si Dieu est tout être, il renferme dans sa substance les réalitez de toutes les créatures existentes & possibles ; il est tout ce qu'elles sont, & infiniment plus : donc tout ce qu'il y a de réel dans l'étenduë physique & materielle, se trouve dans la substance de Dieu, & c'est cela que j'appelle l'étenduë intelligible, cette perfection très-réelle de Dieu, qui a rapport à la matiere, comme son modéle & son archétype éternel, que Dieu a consulté & vû en lui-même, lorsqu'il a voulu créer le monde. *Réponse.* Je m'étonne qu'un Philosophe qui a tant déclamé contre les illusions de l'imagination, en soit si fort la duppe. Aristote auroit bien, Théodore, de quoi se venger icy de toutes les injures que lui dit le P. M. dans sa Recherche de la verité. Quand on dit, que Dieu est tout être ; cela ne peut pas signifier que

Dieu soit l'assemblage d'une multitude de réalitez, de perfections, de proprietez differentes qui se trouvent éparses dans les differentes especes des êtres créez, dans la matiere, dans les esprits, dans les hommes, dans les animaux, dans les plantes, dans le métaux, dans les sels, dans les eaux, &c. On veut dire par là, que la perfection de l'Etre divin étant pure & infinie, sans bornes & sans mélange d'imperfection, elle est éminemment tout ce qu'il y a de réel & de parfait dans les créatures ; mais cette perfection de l'Etre divin, étant toûjours infiniment simple, Dieu est tout ce qu'il est par tout son être en même temps & indivisiblement : ainsi il ne connoît pas son essence par parties, il ne peut la voir qu'il ne la voïe toute, & qu'autant qu'il la voit toute, & que par la veuë même de sa totalité ; & cette Divine essence ne peut être représentative d'une certaine créature par une certaine de ses perfections, & représentative d'une autre créature par une autre perfection ; puisqu'elle est très-simple & très-individuelle. L'esprit humain, à la verité, comme accablé du poids infini de cet être simple, que sa simplicité même dérobe à nôtre foible veuë, aime & tâche à imaginer differentes perfections qu'il distingue par differens noms, & qu'il rapporte à differentes créatures : mais au fond & à parler exactement, la réalité de l'Etre de Dieu ne renferme aucune multiplicité ; elle est parfaitement & infiniment simple ; elle est l'unité, la simplicité même. Or cette essence, en même temps infinie & infiniment simple, n'a certainement rien de commun, ni de semblable avec les essences des créatures ; elle en est infiniment differente ; elle a en partitulier moins de rapport à l'essence de la matiere & des corps, qu'à toute autre; puisque celle-cy est la plus imparfaite de toutes, la plus bornée, & la plus composée : & il y a plus d'absurdité à dire que Dieu voïe la matiere & les corps, en voïant sa divine essence, qu'il n'y en auroit à assûrer que l'esprit humain voit la pensée en voïant l'étenduë, voit l'ame en voïant les corps; puisque la pensée ne differe pas tant de l'étenduë, ni l'ame du corps; que l'essence infinie de Dieu differe de la matiere.

Théodore. Cependant tout le monde convient que les créatures participent à l'Etre de Dieu; que Dieu renferme tout ce qu'il y a de perfection dans les êtres créez : on doit donc convenir aussi, que l'essence de Dieu, entant que participable en differentes manieres & jusqu'à certains degrez, par les créatures, est représentative de ces créatures. *Réponse.* Il y a bien de l'équivoque dans toutes ces expressions, que les Malebranchistes ne démêlent pas assez : il est certain que les créatures ne participent pas à l'Etre de Dieu ; & que Dieu ne renferme pas tout ce qui est en elles de perfection & de réalité ; en ce sens que les créatures ayant avec Dieu un être commun, des perfections, & une réalité commune ; il est encore évident que cela ne peut pas signifier, qu'il y ait dans l'essence Divine quelque chose de semblable à chacune des essences créées; qu'il se trouve dans Dieu des modéles qui répondent aux differentes créatures, comme differens originaux répondent chacun à leur copie ; puisqu'on ne peut rien concevoir dans l'essence de Dieu, que cette essence même, & qui ne soit cette essence toute entiere infiniment infinie dans sa simplicité, & infiniment simple dans son infinité;

té : or une telle essence ne peut être l'original & le modéle d'aucune créature ; elle ne peut avoir nulle ressemblance avec quelque être créé que ce puisse être. Il faut donc avoüer que les manieres de parler dont il s'agit, sont fort impropres, & qu'elles ne signifient rien autre chose, sinon que Dieu *étant infiniment*, & chaque créature *étant* d'une maniere plus ou moins finie, mais toûjours finie ; les créatures tiennent, pour ainsi dire, le milieu entre Dieu & le néant, par leur être borné ; lequel tient quelque chose de Dieu, entant qu'être, & beaucoup du néant, entant que borné : & comme ces bornes differentes des Etres créez ne se peuvent pas mesurer par le néant même, qui ne peut être susceptible de plus & de moins ; nôtre imagination les mesure par l'Etre infini de Dieu, en supposant dans cet Etre simple, des dégrez qui n'y sont point ; & jugeant ensuite qu'une créature est d'autant plus parfaite, qu'elle a d'autant plus de réalité, & par conséquent participe d'autant moins au néant, qu'on trouve plus en elle de ces degrez de l'Etre divin : ou, pour s'exprimer en moins de mots, qu'elle participe plus à l'Etre divin. Aprés quoi il est naturel de dire dans le même sens, que Dieu possedant tous les degrez d'être, il renferme tous ceux de ces degrez qui se rencontrent dans les créatures ; mais qu'il les renferme éminemment, parce qu'il en contient une infinité d'autres au de là, comme on pourroit dire qu'une ligne de 1000. pieds contient éminemment la longueur d'une ligne de 10. de 100. pieds ; avec cette différence pourtant, qu'on pourroit effectivement voir une longueur de 100. pieds dans cette ligne de 1000. en n'en regardant que la dixiéme partie ; ce qui ne convient pas à l'essence Divine, qui n'a point de parties ni de degrez réels, dont on puisse voir les uns sans voir les autres.

On ne peut raisonnablement douter qu'il ne faille entendre de cette maniere quelques passages de saint Thomas, sur lesquels le P. M. prend droit, fort mal-à-propos, pour débiter une doctrine très-opposée à ce que ce saint Docteur a constamment enseigné de la maniere dont nous connoissons Dieu ; sçavoir, par la Foy & par les créatures ; & de celle dont nous connoissons ces créatures ; sçavoir, par leurs especes ou images.

Or si l'on ne dit, que les créatures participent à l'Etre de Dieu, & que Dieu possede éminemment toutes les réalitez des créatures, que dans ce dernier sens, qui est le seul où l'on le puisse raisonnablement dire : il s'ensuit que c'est être Disciple de l'imagination, plûtôt que de la verité, que d'inferer de ces manieres de parler ; que l'essence de Dieu est représentative des créatures, qu'elle contient les modéles archétypes des êtres créez, que Dieu voit chacun de ces êtres en regardant celles d'entre ses perfections qui ont rapport à tel ou tel de ces êtres ; qu'il voit la matiere en regardant une étenduë réelle qui est en lui ; qu'il voit un triangle, un cercle, une riviere, un cheval, un arbre, &c. en contemplant differentes parties de cette étenduë, taillées en autant de differentes manieres ; qu'il voit les nombres 2. 3. 4. 5. 10. 100. 1000. &c. en jettant les yeux sur une autre perfection toute differente de l'étenduë, laquelle est réellement tous ces nombres & une infinité d'autres.

Théodore. Dieu est à lui-même sa lumiere ; il ne tire point d'ailleurs ses connoissances ; il voïoit tous les êtres qu'il a créez avant que d'avoir rien produit. Donc c'est dans sa substance qu'il voit toutes choses : donc il a dans sa substance les idées de toutes choses. *Réponse.* Dieu est certainement à lui-même sa lumiere, puisque la connoissance infinie, la sagesse sans bornes appartient à son essence, puisqu'il est par sa nature une connoissance actuelle & substantielle de tout objet connoissable ; ainsi de toute éternité il connoît tout sans sortir de lui-même, & par la connoissance parfaite & compréhensive de son propre Etre : mais il ne s'ensuit pas de là qu'il ait dans son essence des perfections réellement differentes, limitables en mille differentes manieres, qui forment dans lui une infinité d'essences differentes entr'elles & toutes réelles, sur lesquelles il jette la veuë, comme un homme jette l'œil sur plusieurs differens tableaux qui représentent divers personnages. C'est tomber dans une erreur pitoïable & grossiere, que de vouloir expliquer ainsi la connoissance de Dieu : c'est faire son imagination juge trop souverain en des matieres qui passent infiniment la portée de l'esprit le plus éclairé ; & où la raison & la Religion veulent que nous adorions ce que nous ne pouvons comprendre.

Théodore. Enfin, niera-t-on que l'essence de Dieu ne soit relative à ses Ouvrages ; & qu'ainsi Dieu en considerant son essence, selon les rapports qu'elle a à telles ou telles créatures, ne voïe ces créatures dans lui-même? *Réponse.* L'essence de Dieu est relative à ses Ouvrages, & à tous les êtres possibles, par la Toute-puissance qu'elle renferme ; car tous les Ouvrages de Dieu tiennent leur être de sa Toute-puissance ; toutes les créatures sont émanées de lui, & tous

de Metaphysique. 199

les êtres possibles peuvent en recevoir l'existence actuelle : ainsi Dieu en connoissant son essence entant que toute-puissante, ou en connoissant sa Toute-puissance, connoît tous les êtres créez & possibles ; car il voit tout ce qu'il peut produire à l'infini : puisque voir l'étenduë de sa puissance, c'est voir toutes les choses qu'il peut faire. Mais je ne croi pas qu'on puisse tirer de là rien qui favorise le nouveau systéme des essences réelles & distinguées de Dieu, & differentes de l'essence Divine ; de l'étenduë, des nombres, & des figures rondes & quarrées dans la substance de Dieu ; des chevaux, des maisons, des rivieres, des arbres intelligibles ; enfin de toutes ces beautez réelles du monde idéal.

Théodore. Qu'il y a peu de personnes dont la raison ferme & assûrée s'éleve jusqu'aux veritez les plus abstraites ! mais qu'il y en a, qui n'étant point accoûtumées aux veritez Métaphysiques, sont portées à croire qu'on ne travaille qu'à les séduire, lorsqu'on a dessein de les éclairer ! on aime mieux par un aveuglement, une bassesse, une stupidité d'esprit qu'on ne sçauroit assez déplorer, se rendre à l'autorité d'un Aristote, que d'ouvrir les yeux à la lumiere illuminante qui pénétre les intelligences, que d'écouter la sagesse incréée qui parle à tous ceux qui l'aiment & la prient par des désirs ardens, de les nourrir de sa substance. *Réponse.* Ces déclamations & mille autres semblables, dont les Livres du P. M. sont remplis, ne peuvent plus, Théodore, paroître que badines; lorsqu'on a vû combien elles sont mal fondées, comme je croi qu'on le vient de voir, en lisant les raisons par lesquelles j'ai prouvé que les créatures n'étoient point en Dieu de la maniere que le pense l'Auteur de la nouvelle Métaphysique.

Cette premiere proposition, *que les créatures, même les plus materielles & les plus terrestres sont en Dieu ; & qu'ainsi Dieu voit au dedans de lui-même tous les êtres, en considerant ses propres perfections qui les lui représentent*, étant refutée quant au sens où le P. M. l'entend : il est aisé de conclure aussi la fausseté de la seconde ; sçavoir, que par consequent *l'esprit peut voir en Dieu les Ouvrages de Dieu, supposé que Dieu veüille bien lui découvrir ce qu'il y a dans lui qui les représente, puisque cela est trés-spirituel, trés-intelligible, & trés-présent à l'esprit :* il est évident qu'il n'y a rien dans Dieu qui ne soit toute l'essence infinie & infiniment simple de Dieu, laquelle n'a nul rapport, & nulle ressemblance à aucun être créé ou possible ; la connoissan-

VII.

ce même que Dieu a d'une créature, est dans Dieu l'essence Divine toute entiere, & infinie dans sa simplicité; il est donc pareillement évident, que Dieu ne peut découvrir à l'esprit humain aucune partie ni perfection de son essence qui soit le modéle de telle créature en particulier. Cependant je me suis engagé à réfuter encore cette seconde proposition en particulier; & je vais le faire, afin de démontrer en toutes manieres, combien il est impossible que nous voïons en Dieu les choses dont nous avons les idées; c'est-à-dire, l'étenduë, les figures, le mouvement, & les nombres.

Oüi, quand on passeroit à l'Auteur de la nouvelle Métaphysique, que les créatures fussent en Dieu de l'étrange maniere qu'il prétend : il auroit encore tort de conclurre, que l'esprit humain les pust voir en Dieu. En voicy les raisons en peu de mots.

Selon le P. M. l'entendement qui connoît & reçoit les idées, est une faculté entierement passive, qui ne renferme aucune action : selon lui-même encore, tout ce qui arrive à l'entendement lorsqu'il a une idée, c'est qu'il reçoit un changement peu considerable, une légere modification qui est à l'ame, ce que la figure exterieure est au corps; qui ne lui est que superficielle, & ne la pénétre pas. Or je maintiens, qu'il est aussi inconcevable que ce soit là voir une idée dans Dieu, connoître dans Dieu l'essence & les proprietez d'une chose ; qu'il est inconcevable qu'un morceau de cire pense, voïe, & connoisse la rondeur ou le quarré, lorsqu'avec la main on lui donne l'une ou l'autre de ces figures : car encore une fois, selon l'Auteur, l'entendement est une chose aussi purement passive & sans action, qu'un morceau de cire ; & ce qu'il appelle

I vj

perception d'une idée, n'est à l'entendement, que ce que la rondeur est au morceau de cire : ainsi tout ce que l'on peut concevoir dans les beaux principes du Malebranchisme : c'est que Dieu, dont la substance est représentative des créatures, par exemple d'une sphere, ou qui a en lui le modéle archétype d'une sphere, produit dans la substance purement & entierement passive de mon esprit, un leger changement, une modification superficielle, qui est dans cette substance passive de mon esprit, à peu prés ce qu'est dans le morceau de cire la figure ronde : mais il ne s'ensuit pas plus de là, que mon esprit connoisse cette sphere qui est dans Dieu ; qu'il s'ensuivroit qu'un morceau de cire connust l'idée de la rondeur qui est en moi, lorsque moi qui ay cette idée, je lui imprime la figure ronde. En un mot, suivant les principes du P.

M. un morceau de cire que Dieu fait & conserve rond, devroit autant appercevoir dans la substance de Dieu l'idée de la rondeur, la rondeur intelligible, que l'esprit humain l'apperçoit, lorsque Dieu fait & conserve dans sa substance, aussi purement passive qu'un morceau de cire, cette légere modification, ce petit changement qui est à l'ame, ce que la figure extérieure est au corps. Je défie le plus illuminé de ces Philosophes, qui reçoivent les raïons directs du soleil des intelligences, de donner une bonne disparité.

Article III.

Où l'on examine les raisons qu'apporte le P. M. pour prouver qu'en effet nous voïons les créatures en Dieu.

Nôtre Philosophe supposant trop

facilement ce que nous venons de réfuter touchant la possibilité de voir toutes choses en Dieu ; tourne tous ses soins à chercher des raisons pour prouver le fait. On pourroit se dispenser de réfuter en détail ces raisons, puisqu'elles tombent d'elles-mêmes après ce qu'on a dit. Néanmoins je crois qu'on ne me sçaura pas mauvais gré, si je fais voir en particulier le foible de la principale, la plus étenduë, & celle d'entre ces raisons qui renferme en quelque sorte toutes les autres, & qui est donnée dans la Recherche comme une démonstration complette, au moins pour les esprits du premier ordre, & capables de devenir Malebranchistes. Elle est prise du dénombrement de toutes les manieres dont on peut voir les objets de dehors, & elle se peut réduire à ce raisonnement. " Nous " assûrons, dit l'Auteur, qu'il est " absolument necessaire que les

R. T. 1.
l. 3. 2.
p. c. 1.
p. 206

idées que nous avons des corps «
& de tous les autres objets que «
nous n'appercevons point par eux «
mêmes, viennent de ces mêmes «
corps, ou de ces objets : ou bien «
que nôtre ame ait la puissance de «
produire ces idées : ou que Dieu «
les ait produites avec elle en la «
créant : ou qu'il les produise tou- « *c. 1.*]
tes les fois qu'on pense à quelque «
objet : ou que l'ame ait en elle- «
même toutes les perfections qu' «
elle voit dans ces corps : ou en- «
fin, qu'elle soit unie avec un ê- «
tre tout parfait, & qui renferme «
généralement toutes les perfec- «
tions intelligibles, ou toutes les «
idées des êtres créez. «

Or les objets materiels n'en- « *c. 2.*
voïent point d'especes qui leur «
ressemblent : l'ame n'a point la « *c. 3.*
puissance de produire les idées : «
nous ne voïons point les objet « *c. 4.*
par des idées créées avec nous : «
Dieu ne les produit point en nous » *c. 4.*

» à chaque moment que nous en
» avons besoin : l'esprit ne voit ni
§. 5. » l'essence, ni l'existence des ob-
» jets, en considerant ses propres
» perfections.
§. 6. » Donc nous voïons toutes choses
» en Dieu.

D'abord je prie le P. M. de me
dire d'où il peut sçavoir bien seu-
¹ V. le rement que son dénombrement est
Ix. Ch.
de la 1. exact & parfait, comme il le pré-
partie. tend; lui qui convient, qu'il se peut
R.T. 1. faire que ce que nous connoissons
l. 5. 2.
p. c 7. de nôtre ame, ne soit presque rien
p. 224 de ce qu'elle est en elle-même;
que la conscience que nous avons
de nous-mêmes, ne nous montre
peut-être que la moindre partie de
nôtre être ? Il me semble que tout
ce qu'il peut dire, c'est qu'il ne connoît pas d'autres manieres dont
nous puissions voir les objets, que
ces six qu'il apporte : mais il ne
peut, ce me semble, assûrer absolument qu'il n'y en puisse avoir

quelqu'autre, laquelle dépendroit d'une faculté de l'ame qui lui est inconnuë.

En second lieu, supposant toûjours cette profonde ignorance où il est de la nature de l'ame, quand son dénombrement seroit exact : sur quoi fondé, décide-t-il hardiment que l'ame n'a pas la puissance de produire ses idées ? C'est certainement parce qu'il n'avoit pas conçû la force des raisons que nous avons apportées contre lui, pour prouver l'efficace des causes secondes, ni la vanité des prétenduës démonstrations qu'il emploïe pour ruïner cette efficace. Effectivement, voicy son fondement : l'ame, dit-il, n'a pas la puissance de créer : or elle créeroit si elle produisoit ses idées ; car les idées sont des êtres réels : donc elle ne peut produire ses idées. Fondement qu'on a déja renversé en tâchant d'apprendre à l'Auteur la

v. le 5. Ch de la 1 partie.

R. T. 1. l. 3 2. p. c. 4.

différence qu'on doit mettre entre création, & ce qu'on nomme dans l'Ecole *éduction*, ou modification. En effet, les phantômes de l'imagination, ou les sentimens de diverses couleurs, d'odeurs, de sons, &c. pourroient s'appeller des êtres réels aussi bien que les idées ; car ces phantômes & ces sentimens, de même que les idées, ont des proprietez réelles, ils different les uns des autres, ils représentent choses differentes : & cependant personne ne dira, qu'ils soient produits dans nous par une action créative. De même, les actes libres de la volonté ont des proprietez réelles, par lesquelles ils different entr'eux, & néanmoins ce n'est pas créer que de les produire. Il faudroit que nôtre Philosophe nous eust persuadé que chaque idée est une substance, pour que nous l'écoutassions quand il dit, que produire une idée, ce seroit créer ; mais on a vû ce qu'il faut penser de cette opinion. *Ci-dessus, Ch. 3. n. 1v.*

En troisiéme lieu, dans la même hypothése du peu de connoissance que nous avons de la nature & des proprietez de nôtre ame; quelle évidence le Docteur Malebranchiste peut-il avoir, que l'ame ne puisse voir en soi l'étenduë intelligible; lui qui ne craint point de placer cette étenduë dans Dieu, qui est un esprit bien plus pur encore que l'ame ? Je sçai qu'il prétend avoir déja répondu à cette objection : mais je sçai aussi que ses réponses ne satisfont point du tout ; la principale est prise de cette infinité imaginaire de l'étenduë idéale, qu'on a réfutée fort au long. Or si l'étenduë intelligible peut être, de quelque maniere que ce soit dans la substance de l'ame, elle suffit pour nous faire connoître tous les objets que nous connoissons par idées, qui se réduisent à l'étenduë *R T. 2. p. 173. 265. Rép. à M. Regis & Eclair. 10 1. partie Ch. 7. n 1v.*

même, & à ses modifications.

IX. Mais pour dire quelque chose de plus précis : voicy ce que je pense, jusqu'à ce qu'on m'ait appris quelque chose de meilleur, sur la maniere dont l'ame se forme ses idées d'étenduë, de figures, de moûvement, de nombres, que l'Auteur est obligé de reconnoître lui-même pour les seules que nous aïons un peu claires & distinctes.

1°. Quand un objet materiel frappe mes sens, sur tout celui de la veuë & celui du toucher ; l'impression qu'il fait sur mes organes cause, en vertu de l'union du corps & de l'ame, dans ma substance spirituelle, une sensation qui renferme toûjours quelque étenduë ; ou plûtôt qui m'affecte, comme aïant elle-même une certaine mesure d'étenduë. Il n'importe, au reste, de chercher icy par quelle efficacité cela se fait ; il suffit que cela se fasse effectivement, comme je l'éprouve; car tel est le sentiment que j'ai de mon propre corps; tels sont les sentimens de lumiere, de couleur, de froid, de chaud, de dureté, molesse, &c. Ce n'est même que par l'étenduë renfermée dans ces sentimens, que je juge de la masse & de la grandeur des corps qui les causent & ausquels je les rapporte.

2°. Cela étant, on peut dire que nous connoissons l'étenduë par sentiment, aussi-bien que les qualitez sensibles, lumiere, couleurs, odeurs, &c. puisque nous appercevons toûjours ces qualitez comme étenduës : que nous connoissons aussi par la même voïe les figures; car l'étenduë de ces sentimens est bornée en mille differentes manieres; & c'est par cette sensation figurée, si j'ose ainsi parler, que nous jugeons encore de la figure des corps ausquels nous la rapportons.

3º. Ces sentimens composez en quelque sorte d'une certaine mesure d'étenduë, & des qualitez qu'on nomme sensibles, sont ce que l'on appelle *phantômes* ou images des corps ; ces phantômes sont spirituels, parce qu'ils ne sont que des modifications de l'esprit ; ainsi leur étenduë ne consiste pas comme celle des corps physiques dans des rapports de parties de matiere.

4º. Des deux especes de parties qui composent tout phantôme ; sçavoir, étenduë & qualitez sensibles, l'ame apperçoit bien plus de choses ou de proprietez dans l'étenduë, que dans les qualitez : car en considerant cette étenduë abstraite & separée des qualitez qui l'ornent, pour ainsi dire, & la revêtent ; elle voit qu'elle peut être divisée, augmentée, diminuée selon la longueur, la largeur, la profondeur ; taillée de toutes les façons ; que par conſequent, ſi l'on compare enſemble deux parties de cette étenduë ſelon quelque dimenſion, ou bien deux figures; l'on peut aſſigner au juſte leurs rapports précis. Au lieu que l'eſprit n'apperçoit les qualitez que comme ſimples & indiviſibles, lorſqu'il les regarde ſéparément de leur étenduë ; d'où il arrive qu'il ne peut les comparer exactement, ni faire en elle aucune diſtinction de differentes proprietez. Et voilà la raiſon pourquoi nous donnons aux perceptions que nous avons de l'étenduë, des figures & des nombres, le nom d'idées claires & diſtinctes ; parce que nous pouvons nous expliquer & raiſonner ſur ces perceptions, les développer, les comparer : & que nous laiſſons celui de purs ſentimens, aux perceptions des qualitez priſes ſeules ; parce qu'on ne peut que les ſentir, & nullement les expliquer.

5°. L'ame appercevant plusieurs de ces phantômes à la fois, ou dans chacun plusieurs qualitez differentes ; il n'est pas difficile que par ce moïen on se fasse des notions de nombres, & qu'on convienne de certains termes pour marquer qu'on apperçoit 2. 3. 4. 5. &c. de ces phantômes, ou de ces qualitez dans chacun d'eux : on multiplie ensuite & l'on combine entr'eux ces nombres tant qu'on veut, de la maniere que j'ai expliqué ailleurs. Dans les notions des nombres, celle de *l'unité* y est renfermée ; puisque ce n'est que de la répétition de l'unité que naissent les nombres mêmes.

V. Ch. 7. de la 1. part. n. IV.

6°. On voit encore la facilité qu'a l'esprit de se former de ses idées particulieres des idées universelles ; non en joignant ensemble toutes les particulieres, mais en ne considerant que ce qu'elles ont de commun, sans l'attacher à aucu-

aucune en particulier : ainsi, j'ai l'idée d'étenduë en général, lorsque je ne regarde que ce qui se trouve dans toutes les figures, en faisant abstraction des bornes qui sont propres à chacune : j'ai l'idée du cercle en général, lorsqu'aïant fait réfléxion que tous les cercles particuliers ont cela de commun, que tous les points de leur circonférence sont également distans du centre ; je ne retiens que cette notion pour en faire celle du cercle en général, & fais abstraction des longueurs déterminées des diamétres de chaque cercle particulier.

7°. Pour ce qui regarde le repos & le mouvement, qui ne sont que des rapports d'un corps à d'autres : on comprend assez que si l'ame apperçoit un phantôme qui garde un rapport constant & toûjours le même avec plusieurs autres qui l'environnent ; comme quand j'imagine un fauteuil au milieu d'ud'une chambre garnie de differens meubles ; alors elle dit que le corps qui répond à ce phantôme, est en repos. Que si, au contraire, elle apperçoit ce phantôme changer successivement de rapports, avec les autres qui l'environnent en quelque façon ; elle appelle ce changement de rapports, du nom de mouvement, & elle attribuë ce mouvement au corps représenté par ce phantôme.

Si l'on vouloit pousser plus loin ce principe de nos connoissances, & l'étendre aux idées imparfaites & confuses d'être, de réalité, de perfection, d'acte, de puissance, &c. il n'y auroit pas grande difficulté à montrer qu'elles naissent aussi du sentiment que nous avons de nous-mêmes, & de ce qui se passe en nous.

Au reste, cette courte & simple explication ne renferme rien que ce que chacun éprouve, pour peu qu'il rentre en lui même : elle suppose, à la verité, que nôtre ame n'est pas quelque chose de brut & de purement passif, comme un morceau de bois ; qu'elle a la faculté de réfléchir sur ce qui se passe en elle, de separer, d'unir, d'augmenter, de diminuer, de comparer ses connoissances simples, &c. mais je ne croi pas qu'aucun homme de bon sens me nie cette supposition, que j'ai d'ailleurs assez prouvée en differens endroits contre les seuls Malebranchistes. Cependant, cette petite explication de l'origine de nos idées, renverse absolument toute la prétendüe démonstration, & tous les sublimes raisonnemens du P. M. qui fait faire de furieux voïages à son esprit pour aller chercher bien loin dans Dieu, ce qui ne peut être qu'en lui-même. D'ailleurs cet Auteur n'a rien dans tous ses Ouvrages qui me paroisse pouvoir fonder une

K ij

objection solide contre ce sentiment, à laquelle l'on n'ait déja répondu dans les Chapitres précedens, où l'on ne doive bien-tôt répondre dans les suivans.

Chapitre V.

De la cause occasionnelle de la présence des idées.

CE Chapitre & les deux suivans, sont des suites du précedent. On a dans celui-là comme sappé par les fondemens, le plus fameux des principes de la nouvelle Métaphysique ; on va dans ceuxcy achever de ruïner tout ce qui tient à ce principe. Nous commençons par ce qu'enseigne l'Auteur touchant la maniere dont nôtre esprit se rend plus présentes les idées qu'il lui plaît de regarder de plus prés que les autres.

Le P. M. s'étant fortement persuadé que nous voïons toutes choses en Dieu, parce que Dieu découvroit à nôtre esprit ces merveilleux archétypes de tous les êtres qu'on suppose renfermez dans sa substance : & tenant d'ailleurs pour très-constant que Dieu n'agit point par des volontez particulieres dans l'œconomie de la nature : autre opinion que nous examinerons en son lieu ; il a senti quelque embarras à expliquer comment nous pouvions, selon nos besoins, ou nôtre curiosité, considerer telle ou telle idée, plûtôt que telle ou telle autre. Or voicy l'heureux dénoüement qu'il a trouvé.

Il a d'abord eu recours à son magasin de causes occasionnelles ; car il en a ramassé de toutes les especes, afin de s'en servir à tous les besoins. Parmi cette multitude de causes occasionnelles, il a veu qu'il n'y en avoit point de plus propres

I.

3. partie.

pour la machine dont il s'agit, que l'attention & les desirs de l'ame.

Ensuite, il a consideré en habile homme, qu'on ne pouvoit mettre en œuvre l'attention de l'ame & ses desirs, par rapport aux idées ; qu'on ne supposast ces idées déja présentes & manifestées en quelque sorte à l'esprit ; car, comme il dit fort bien, "l'esprit ne peut vouloir s'ap- "pliquer qu'aux choses dont il a "quelque idée ; par exemple, on "ne peut vouloir penser à un cer- "cle, si l'on n'en a déja quelque "idée. D'un autre côté, il a crû qu'il ne tenoit qu'à nous de penser à tous les êtres créez & possibles, tantôt l'un, tantôt l'autre. Ces deux choses étant donc supposées, il s'est avisé d'arranger ainsi son système.

Il établit, 1°. Que tous les êtres sont présens à nôtre esprit, qui les voit tous renfermez dans un : que toutes les perfections de Dieu représentatives, sont toûjours présentes à la pensée, & qu'elle ne les perd jamais entierement de veuë : en un mot, que les idées de toutes choses nous sont continuellement & naturellement présentes, dans le temps même que nous ne les considerons pas avec attention.

c. 8. p. 226.

T. 2. l. 6. 1. p. c. 1. p. 3.

2°. Que l'esprit n'apperçoit, à cause de sa petitesse, que dans une confusion inexplicable, toute cette prodigieuse & infiniment infinie multitude d'idées qu'il voit cependant toûjours.

T. 1. l. 3. 2. p. c. 8. p. 226. c. 4. 213.

3°. Que Dieu a mis une union naturelle entre la volonté de l'homme, & la représentation plus claire & plus distincte des idées que renferme l'immensité de l'être Divin ; union qui n'est que sa volonté générale : desorte qu'en consequence de cette volonté générale de Dieu, ou de cette union naturelle ; l'idée d'une chose à quoi nous désirons plus particulierement

c. 6. p. 221. 222.

T. 2. p. 302. Ecl. 15.

de penser, se manifeste davantage à
M. 1 nôtre esprit au moment de nôtre
désir & de nôtre effort : dès que
nous voulons nous appliquer à quelque objet, aussi-tôt l'idée de cet objet se présente à nous dans un
R T. 2 plus grand jour. Ainsi nôtre atten-
P. 100 tion & nes désirs sont les causes
Ecl. 2 naturelles, non pas *efficaces*, mais seulement *occasionnelles* de la présence plus claire & plus distincte des idées. Nous ne souhaittons jamais de penser à quelque objet en particulier, que l'idée de cet objet ne nous soit aussi-tôt plus présen-
Ib. te ; & d'autant plus présente & plus claire, que nôtre désir est plus fort, & nôtre attention plus vive : pourveu néanmoins que la capacité que nous avons de penser, ne soit pas remplie de ces sentimens confus que nous recevons à l'occasion de ce qui se passe dans nôtre corps.
Ib. L'ame s'approche d'un objet par son attention & son désir. Le dé-

sir de l'ame est une priere naturelle qui est toûjours exaucée ; car c'est une Loy naturelle que les idées soient d'autant plus présentes à l'esprit, que la volonté les désire avec plus d'ardeur.

C'est là ce secret si important, & si vanté dans la nouvelle Secte, qui consiste à sçavoir interroger la Verité immuable, à sçavoir prier le Verbe de nous nourrir de sa substance : secret que tout le monde ignoroit avant le P. M. & dont l'ignorance a été la triste cause de toutes les erreurs de l'ancienne Philosophie, & de l'aveuglement où l'on a même été jusqu'aux temps du nouveau Philosophe, sur les points les plus importans de la Religion & de la Morale Chrétienne : parce que les hommes ne sçavoient point s'entretenir de la manne veritable des esprits, ils vivoient sans sçavoir qui les nourrissoit, & leur ingratitude étoit telle, qu'ils ne

226 *Réfut. d'un nouveau Syst.*
vouloient pas seulement connoître celui qui les combloit de biens. Encore à présent, si l'on excepte un petit nombre de Malebranchistes, seuls enfans de la Sagesse éternelle, tous les hommes sont des
p. 32. insensez, qui ne connoissent point l'Auteur de leur être, & des lumieres de leur esprit ; ce sont des superbes, qui s'imaginent produire les idées qui les éclairent, selon les differens désirs que la curiosité
M. 1. p 16. excite en eux ; qui s'imaginent encore que leur substance est lumiere illuminante, quoi qu'elle ne soit que lumiere illuminée : ce sont des
M. 2. p. 32. especes d'Idolâtres, qui dressent un Autel au Dieu inconnû, parce qu'ils ne connoissent point le veritable : c'est-à-dire l'Etre vague.

II.   Cependant, pour renverser sans beaucoup de peine tout ce joly systéme, il ne faut qu'opposer, comme j'ai déja fait assez souvent sur d'autres matieres, le P. M. au P.

M. Cet admirable Philosophe ne reconnoît au monde que deux sortes d'êtres, esprits & corps; il enseigne constamment que nous n'avons point d'idées des esprits, que Dieu ne nous en manifeste point les archétypes, quelque fervente que puisse être la priere naturelle de nos désirs. Donc, selon lui, 1°. tous ces êtres que nous pourrions connoître dans l'Etre universel, se réduisent au nombre de deux. 2°. De ces deux il n'y en a qu'un, & le plus vil, sçavoir le corps, dont l'idée nous soit accordée, encore supposé que l'étenduë fust veritablement l'essence du corps. Mais, 3°. comme nous avons montré qu'elle ne l'étoit pas; tous les êtres dont nous avons, selon l'Auteur, les idées présentes en Dieu, se réduisent à pas un seul; mais seulement à une pure maniere d'être & quelques-unes de ses modifications; sçavoir, l'étenduë & quelques figures dont elle est capable. Par conséquent, le P. M. se contredit, lorsqu'il assûre si hardiment que nous voïons tous les êtres en Dieu ; que les idées de toutes choses sont continuellement & naturellement présentes à nôtre esprit ; que nous les voïons ces êtres & ces idées, dans une confusion inexplicable, à cause de leur multitude infiniment infinie. Cependant cette présence d'une infinité d'êtres que nôtre esprit appercevroit incessamment, fait le fond & la base de l'opinion dont il s'agit.

III. Mais sans cet aveu contradictoire de nôtre Auteur, l'experience seule suffiroit pour renverser cette supposition de la présence actuelle de tous les êtres & de toutes les idées à nôtre esprit. Car quel est l'homme qui puisse doûter qu'il n'y ait bien des choses au monde, dont il n'a nulle connoissance : qui ne sçache qu'il a eu à cinquante ans quantité d'idées qu'il n'avoit point dans sa jeunesse; & que chaque jour il en acquert ou en peut acquerir de nouvelles, par la lecture & le commerce des Sçavans? Mais pour ne m'arrêter qu'aux seules figures dont nôtre Philosophe prétend principalement que nôtre esprit a une infinité de nombres infinis d'idées : en verité, qui sera assez simple pour se persuader, sur la seule parole de ce Docteur, qu'on a toûjours & naturellement présentes à l'esprit les idées de toutes les figures possibles; ou que l'esprit du Païsan le plus grossier voit actuellement toutes celles sur lesquelles les Géometres ont raisonné & raisonneront jusqu'à la fin des siécles ? Qui croira qu'il n'a qu'à désirer fortement de voir en particulier quelqu'une des figures possibles, quelle qu'elle soit, pour qu'il en ait aussi tôt une idée claire & distincte ? Combien petit, au

R. T. 2.
l. 3. 2.
p. c. 4.
p. 213.

contraire, est le nombre des figures que connoissent bien exactement les plus habiles Géometres : combien y en a t-il dont ils n'ont pas la moindre notion, dont ils ignorent absolument, & la nature & les plus simples proprietez ?

Tous ceux qui commencent à apprendre quelque science, ne sentent-ils pas que quelque contention d'esprit qu'ils apportent à rêver sur quelques-uns des plus simples principes de cette science, ils perdent leur temps & n'avançent presque pas, ne découvrent quasi rien de nouveau, souvent même avec le secours des Livres ; à moins que quelque maître habile ne leur développe peu à peu, premierement ce qu'il y a de plus aisé, & les fasse ensuite monter comme par degrez insensibles à d'autres connoissances un peu plus composées ; & de celles-cy a de plus élevées ? N'arrive-t-il pas même tous les

de Metaphysique. 131

jours que quelque facile & claire que soit la méthode de ces Maîtres, que le P. M. appelle de simples moniteurs; ils rencontrent cependant des Disciples, qui avec la plus forte attention & les désirs de sçavoir les plus violens, ne peuvent pourtant passer certaines bornes assez étroites, ni s'élever au de là d'un certain degré, que plusieurs autres franchissent très-vîte & sans peine : il faut donc que ces Disciples n'aïent pas présentes à l'esprit toutes les idées des seules choses qui regardent une science particuliere, ni le moïen toûjours seur & naturel de s'en approcher par l'amour de la verité ; tant s'en faut que les idées de toutes choses soient soûmises de telle maniere à l'esprit, qu'elles doivent se représenter à lui dès qu'il le souhaite.

R. T. 1. l. 1. c. 13 p 59. M 2. p. 29. &c.

R. T. 1. l. 3. c. 9. p. 2. p. 234.

IV.

Je ne doute pas que ce ne soit cette experience qu'a le P. M. aussi bien que le reste des hommes, quelque contraire qu'elle soit à son opinion ; qui lui a fait prendre une précaution fort judicieuse pour se ménager quelque retraite, en cas qu'on le poussast sur cet article ; en faisant un grand mystére de la maniere d'interroger & de consulter à propos le Maître qui parle dans le plus secret de la raison ; & en *M. 3. p. 40. 41. &c.* faisant dire à la Verité même, que la priere naturelle de ceux qui veulent se nourrir de sa substance, n'est exaucée que pourveu qu'ils ne demandent que ce qu'ils sont en état de recevoir : » par exemple, dit-» elle, si tu me demandes sans at-» tention si l'ame est immortelle, » je ne te répondrai point ; car si tu » demandes sans attention, c'est » faute d'amour. Si tu me deman-» des avec attention, mais sans per-» séverance, si ton ame remuë ton » corps ; je te répondrai, mais si bas, » que tu n'entendras pas claire-» ment ma réponse ; car ton amour est trop foible pour obtenir ce « que tu demandes. Si tu désires de « découvrir le rapport de la diago- « nale d'un quarré à sa racine, ton « désir bien que violent & persé- « verant, sera vain & inutile; car « tu demandes par ce désir déreglé « plus que tu ne peus recevoir. Si « tu me pries de t'apprendre à dou- » bler un cube avec la régle & le « compas; tu ne sçais toi-même ce « que tu demandes, je ne t'écouterai « donc point : Si néanmoins tu per- « séveres, je te répondrai que tu de- « mandes une chose impossible. «

Je croi que chacun voit bien que tout ce beau Phœbus signifie, que comme nous ne sçaurions désirer de voir une idée, si nous ne la voïons déja, ainsi que l'Auteur en convient : de même, nous ne sçaurions consulter bien à propos la Sagesse éternelle sur une verité, si nous ne comprenons déja cette verité, par l'intelligence des termes

& par une sérieuse & perseverante attention à leurs rapports. C'est-à-dire, en un mot, que le Maître intérieur, le Verbe Malebranchiste enseigne à ceux qui l'interrogent, tout ce qu'ils sçavent déja : & rien de plus ; car on ne l'interroge jamais bien sur ce qu'on ne sçait pas encore. Et c'est de quoi le P. M. lui-même nous fournit un bel exemple dans ses variations sur les regles du mouvement, qu'il a changées presque autant de fois, qu'il a fait de nouvelles éditions de sa Recherche ; quoiqu'à chaque fois il eust donné chacun de ses differens systêmes pour une preuve de l'infaillibilité de cette heureuse méthode, par laquelle on pouvoit obliger le Verbe à répondre nettement & précisément sur une infinité de matieres curieuses. Mais par malheur nôtre Philosophe ne sçachant point assez bien par avance, les réponses que son Verbe auroit dû faire à ses demandes ; il arrivoit que ces réponses ne se trouvoient jamais justes au jugement des Sçavans.

CHAPITRE VI.

De l'efficace des idées, & de la difference qui est entr'elles & les perceptions.

IL faut être bien initié aux profonds mystéres du Malebranchisme, pour lire sans surprise dans les Ouvrages de l'Auteur, que les idées sont efficaces par elles-mêmes, qu'elles affectent l'ame par leur efficace propre ; qu'elles agissent dans les esprits, les rendent heureux ou malheureux par les perceptions agréables ou désagréables dont elles les affectent.

R. T. 1.
l. 3. 2.
R. c. 6.
p. 218.
L. 4. c.
11. p.
298.
299.
302.

Que l'idée de l'étenduë en particulier, selon ses diverses parties, modifie mon ame, là d'une couleur, icy d'une autre; souvent tout à la fois, d'un grand nombre de couleurs & d'autres perceptions toutes differentes, douleur, odeur, son, chaleur, froideur, &c.

T. 2. p. 162. 165. Rép. à M. Regis.

Que celui, par exemple, qui touche un charbon ardent, ne souffre de la douleur, que parce que quand son doigt se brûle, l'idée de son doigt affecte son ame d'une perception désagréable. Que l'idée de la main cause de la douleur, même à ceux à qui on a coupé le bras: que l'idée de la pointe d'une aiguille fait une perception de douleur très-vive dans celui qui se pique, &c.

E. 2. sur la mort. p. 359. &c. T. 2. p. 295. Ec. 14. 164. Rép. à M. Regis. T. 1. p 302. L. 4. c. 11.

I. C'est pourquoi, ces choses étant des plus curieuses que le nouveau Philosophe nous ait apportées du païs intelligible: je vais tâcher de les développer; mais je croi qu'en les développant, elles s'évanoüiront: Faisons-en l'experience.

Comme dans les principes du nouveau Docteur, d'un côté l'entendement, qui selon lui constituë seul toute l'essence de l'esprit, n'est qu'une faculté passive, laquelle reçoit, & les idées des objets que l'on connoît, & les modifications des qualitez sensibles, douleur, plaisir, couleur, odeur, &c. & que d'un autre côté les créatures sont, à ce qu'il pense, absolument privées de toute efficace : il lui a été necessaire d'aller chercher dans les idées éternelles & Divines, la cause de toutes nos sensations aussi bien que de nos connoissances. Et parce que les idées qui nous font voir les objets corporels, sont toûjours accompagnées de sentimens : il a jugé que les mêmes idées nous éclairoient & nous modifioient tout ensemble ; en causant à l'ame, par leur efficace propre & des perceptions purement intellectuelles, & des perceptions sensibles ; dont la diffe-

V. le 1. Chap. de la 1. partie.

rence consiste en ce que les perceptions purement intellectuelles par lesquelles on connoît simplement l'essence primordiale d'un être, sont, pour ainsi dire, superficielles à l'ame & ne la pénétrent pas, elles lui sont comme la figure exterieure est aux corps ; au lieu que les perceptions sensibles la pénétrent plus ou moins vivement & la modifient interieurement, comme la matiere est modifiée par la configuration de ses parties interieures. De plus, ces sensations peuvent être réduites à trois especes ; les unes fortes & vives, les autres foibles & languissantes ; les troisiémes médiocres, & moïennes entre les premieres & les secondes, selon que les idées s'appliquent diversement à l'esprit, & pénétrent plus ou moins sa substance. Mettons la chose dans quelques exemples : premierement, que l'idée de l'étenduë soit présente à l'esprit d'un homme qui ait les yeux fermez, & dont on suppose que l'imagination n'agisse point ; elle n'affectera son ame que d'une perception légere, superficielle & purement intellectuelle, qui la représentera immense ; mais sans aucune diversité dans ses parties. Concevons maintenant que cet homme vienne à ouvrir les yeux au milieu d'une campagne, alors l'idée de l'étenduë modifiera son esprit d'un grand nombre de perceptions sensibles, ou de couleurs toutes differentes. Si cet homme, sans ouvrir les yeux, imaginoit seulement une prairie émaillée de toutes sortes de petites fleurs champêtres ; l'idée de l'étenduë le modifieroit aussi de quantité de perceptions sensibles, mais moins fortes & moins vives que quand il a les yeux ouverts ; car les organes de nos sens étant composez de petits filets, qui d'un côté se terminent

R. T. 2.
p. 16 &
Rép. à
M. Regis.

T. 1. l.
2. c. 1.
p. 81.

aux parties extérieures du corps, & de l'autre aboutissent vers le milieu du cerveau ; les idées sont d'ordinaire bien plus alertes pour choquer rudement contre la substance de nôtre esprit, lorsque ces filets sont remuez par les bouts qui se terminent au dehors, que quand ils sont seulement ébranlez par les bouts qui se terminent dans le cerveau ; & c'est la difference qu'il y a entre *sentir* & *imaginer*. Autre exemple : maintenant que je regarde ma main, l'idée de son étenduë m'est présente par une perception intellectuelle ; & en même temps cette idée affecte mon ame d'une modification sensible de couleur assez foible & languissante ; mais si je viens à mettre cette main dans de l'eau chaude, alors son idée me modifiera d'une perception de chaleur plus vive & plus forte, que n'est celle de la couleur : enfin, si par mégarde je porte cette même

R. T. 2
p. 165.
Rép. à
M. Regis.

même main sur un brazier ardent; aussi-tôt son idée pénétrant & perçant, pour ainsi dire, d'outre en outre la substance de mon ame, la touchera jusqu'au fond, d'une perception sensible de douleur très-aiguë.

Voilà sur quoi l'Auteur conclut que les idées, par leur propre efficace, agissent sur l'ame, & par leur application à sa substance, la teignent en rouge, en jaune, en vert, en bleu; la rendent *puante*, comme il le dit formellement, lorsqu'on sent une charogne; & par conséquent *musquée*, quand on sent du musc; douce, lorsqu'on mange du miel; & amere, quand on goûte du fiel.

Ib. p. 175. Ecl. II.

II.

Mais il exhorte, sur tout, à ne pas confondre les idées avec les perceptions, soit intellectuelles, soit sensibles que nous en avons; car autant que les idées sont éclatantes & lumineuses, autant les perceptions sont-elles obscures & ténébreuses. Ecoutons-le parler dans son troisiéme Entretien Métaphysique. Là le bon Ariste, arrivant tout hors de lui-même de cet autre monde, où son Maître l'avoit emporté peu de jours auparavant, s'écrie d'abord pour faire le brave, dès qu'il apperçoit Théodore : Qui est-là ?.. » Ah ! Théodore, je vas » présentement tout seul dans cet » autre monde, & sans craindre » les phantômes qui en empêchent » l'entrée. Et puis après ce début si hardi, son cœur venant à se ramollir, il ajoûte d'un ton moins ferme : » mais lorsque j'y suis, j'y » trouve tant de lieux obscurs, que » je crains de m'égarer & de me » perdre. Alors Théodore d'un visage serein, prend la parole : » c'est » beaucoup, Ariste, que de sça- » voir quitter son corps quand on » le veut, & s'élever en esprit dans » le païs des intelligences. Mais ce-

E. 3. p. 65. 67. &c.

la ne suffit pas. Il faut sçavoir un «
peu la carte de ce païs ; quels sont «
les lieux inaccessibles aux pauvres «
mortels ; & qui sont ceux où ils «
peuvent aller librement, sans «
craindre les illusions... Ecoutez- «
moi bien serieusement : je vais vous «
dire aujourd'hui ce que vous ne «
devez jamais oublier. Ne prenez «
jamais, Ariste, vos propres sen- «
timens pour nos idées ; les modi- «
fications qui touchent vôtre ame, «
pour les idées qui éclairent tous «
les esprits. Voilà le plus grand «
de tous les préceptes pour éviter «
l'égarement. Jamais vous ne con- «
templerez les idées sans en être «
éclairé : mais quelque attention »
que vous aïez à vos propres mo- «
difications, vous n'en serez jamais «
éclairé... Ensuite jettant un ten- «
dre & profond soupir qu'il ne peut
refuser au souvenir des dangers
qu'a courû un Disciple si chéri ; il
ajoûtue d'un air passionné : » Qu'il

244 *Réfut. d'un nouveau Syst.*

» y a de difference, mon cher Aris-
» te, entre la lumiere de nos idées &
» l'obscurité de nos sentimens ; en-
» tre connoître & sentir, & qu'il
» est necessaire de s'accoûtumer à
p. 77. » la distinguer sans peine.... Aprés
des discours assez vifs de ce Moni-
teur véhement; aprés que ce Maître sérieux a un peu chatoüillé dans
le creux de la main, son bien aimé
99. Disciple, pour lui faire sentir la
bonté de ses raisons : Ariste se rend
enfin, & en assûre Théodore par
109. ces paroles : » Je vois mieux que
» jamais la necessité de vôtre prin-
» cipe. Vous avez bien fait de me
» le répeter souvent, & de me le
» rendre sensible. Je tâcherai de
» m'en ressouvenir. Il ne faut point
» juger des objets sensibles sur les
» sentimens dont ils nous frappent,
» mais sur les idées qui les repré-
» sentent. Nos sentimens sont con-
» fus ; ce ne sont que des modali-
» tez de nôtre ame qui ne peuvent

de Metaphysique. 245

nous éclairer : mais les idées que «
la raison nous découvre, sont lu- «
mineuses.. N'est-ce pas là, Théo- «
dore, ce que vous voulez que je «
me mette bien dans l'esprit ? Oüi, «
Ariste, répond Théodore ; & si «
vous le faites, vous voïagerez sans « *p.* 110.
crainte dans le païs des intelli- «
gences. «

Pour moi, dit encore le P. M. « *R. T.* 2.
dans sa réponse à M. Regis, je « *p.* 175.
distingue mes idées de la percep- «
tion que j'en ay, de la modifica- «
tion qu'elles produisent en moi «
lorsqu'elles me touchent. «

En un mot, selon le nouveau
Systéme, les idées sont des êtres
réels, éternels & infinis qui sub-
sistent en Dieu : au lieu que toutes nos perceptions ne sont que des
modalitez de la substance de nôtre
esprit, que les idées mêmes nous
impriment & nous causent par leur
efficace.

J'ai dit au commencement de III.
L iij

cette exposition, que je croïois que ce mystére de la Philosophie Malebranchiste s'évanoüiroit dès qu'on le développeroit ; & je me flate de ne m'être pas trompé dans ma conjecture : car je suis persuadé qu'il y a peu de personnes qui en lisant ce que je viens d'écrire, ne fassent ces trois ou quatre réflexions.

Premierement, que le nouveau Philosophe n'a point d'autre fondement, d'avancer que ce sont les idées qui modifient nôtre ame par leur efficace ; que parce qu'il lui a plû, sans nulle raison, & même contre toute raison, de supposer que les idées étoient des êtres réels superieurs à l'esprit : & l'esprit lui-même, un être entierement passif & sans nulle action ; tout semblable à un morceau de matiere qui n'a pour toute faculté, que celle de recevoir les figures qu'on veut lui imprimer.

Secondement, qu'il ne semble

pas parler consequemment ni s'entendre bien lui-même ; lorsqu'il prétend que dans ses principes les sensations de l'ame ne doivent être que ténébres ; qu'elles ne peuvent nous découvrir aucune verité ; qu'elles ne sont propres qu'à nous séduire & à nous faire tomber dans l'erreur : car, selon lui, ces sensations sont les perceptions les plus vives que nous aïons de ces idées primordiales & archétypes, qui représentent clairement les natures, les proprietez & les rapports exacts des choses : ces idées sont plus présentes, & plus intimement unies à l'esprit par les perceptions sensibles, que par les perceptions purement intellectuelles : donc elles devroient l'éclairer davantage par les sentimens les plus vifs. Selon lui, » l'esprit devient plus pur « & plus lumineux, plus fort & « plus étendu, à proportion que « s'augmente l'union qu'il a avec «

R.T. I. Préface.

„ Dieu. Or, selon lui aussi, cette union doit être d'autant plus grande, que les perceptions des idées sont plus touchantes & plus sensibles; parce que les idées n'étant que la substance de Dieu, entant que relative aux créatures; cette Divine substance s'applique alors bien plus étroitement à nôtre ame: par conséquent, ces perceptions sensibles devroient rendre l'esprit plus lumineux, plus pur, plus fort, plus étendu, & non pas le couvrir de ténébres.

L'Auteur, sans doute me répondra, que les sentimens interessant trop l'ame, ils remplissent toute la capacité qu'elle a de penser, & détournent absolument son attention des idées, qu'elles ne peut considerer ni comparer, quand elle est toute occupée à sentir. Mais cette réponse, qui me satisferoit dans tous autres principes, ne me contente point dans ceux de la nouvelle Métaphysique : car le sentiment le plus vif n'étant, si on en croit le P. M. que la perception la plus forte que puisse causer l'idée en s'unissant, en s'appliquant à l'esprit de la maniere la plus étroite, en touchant de plus prés & en pénétrant sa substance ; il s'ensuit que plus le sentiment est vif, plus l'idée est proche de l'esprit & présent à sa veuë ; & qu'ainsi il doit l'appercevoir d'autant plus clairement & plus distinctement ; qu'il lui doit même être d'autant plus impossible de ne la pas voir, & de ne pas découvrir toutes les proprietez qu'elle renferme.

Troisiémement, il est encore assez naturel de demander au P. M. s'il conçoit que l'idée intelligible d'un morceau de charbon ardent, laquelle n'est nullement differente de l'idée intelligible du même morceau de charbon noir & non encore enflamé ; car le sentiment de couleur rouge ou noire ne change rien dans l'idée même : s'il conçoit, dis-je, que cette idée travaille autrement sur mon esprit lorsque le charbon est rouge, qu'elle ne travailloit quand il étoit noir, pour modifier quand il est rouge la substance de cet esprit d'une douleur très-vive ? Conçoit-il encore ce que c'est que ce contact immédiat, cette pénétration d'une portion d'étenduë idéale, & de la substance de l'ame ? Qu'il ne croïe pas au reste avoir satisfait à cette demande, en répondant, que les idées n'étant que la substance de Dieu représentative des êtres particuliers, quand il dit que les idées agissent sur l'ame & la modifient; il faut entendre que la substance Divine elle-même, selon son être relatif, touche & affecte diversement nôtre esprit : car cette réponse, bien loin de résoudre la difficulté, ne fait que l'augmenter, & en produire de nouvelles; je m'explique. Ces rapports de la substance Divine à divers êtres, entant qu'elle est représentative de chacun d'eux, par differentes perfections qu'elle renferme; ne peuvent être regardez que comme autant de differentes formalitez, sous lesquelles on considere cette Divine substance; à peu prés comme si l'on disoit, que Louis XIV. est le modéle d'un grand Heros, par sa valeur; d'un bon Prince, par sa clémence; d'un Roy juste, par son équité. Or quand Dieu agit dans ses créatures; ce n'est pas par une pure formalité de son être, qu'il agit: c'est par son essence réelle & absoluë. Comme Louis XIV. ne fait aucune action physique précisément par sa formalité de Roy juste, ou de Heros: cependant nôtre Auteur nie, & avec raison, que l'essence réelle & absoluë de Dieu, soit l'idée d'un morceau de charbon, ou de la pointe d'une aiguille : par conséquent il ne peut plus concevoir que la substance de Dieu en s'appliquant à nous, en touchant immédiatement nôtre ame, nous fasse voir & sentir un morceau de charbon, ou la pointe d'une aiguille : il doit, au contraire, concevoir très-nettement que cela est impossible ; & qu'ainsi cette belle phrase de la Recherche, » Dieu » seul peut modifier nôtre ame de » diverses perceptions par sa propre substance ; non telle qu'elle » est en elle-même, mais entant » qu'elle est représentative des créatures, & participable par elles : n'est qu'un pompeux galimatias. Ajoûtons encore, si l'on veut, qu'il paroît bien étrange que la substance de Dieu ne puisse s'unir & s'appliquer à celle de nôtre ame un peu étroitement, sans nous rendre malheureux & nous causer des tourmens ; que plus cette Divine sub-

R T. 2
p. 165.
Rép. à
M. Regis.

stance s'approcheroit de la nôtre & la pénétreroit, plus elle nous feroit de douleur & de mal. Que ce ne soit, comme le dit souvent nôtre Auteur, que par l'union qu'on a avec Dieu, que l'ame est blessée, lorsque le corps est frappé. En verité nous devons croire la substance de Dieu moins malfaisante, qu'on ne la représente icy. Nous sçavons d'ailleurs, qu'au contraire Dieu répand dans les ames un torrent de délices, d'autant plus abondantes & plus douces, qu'il s'unit davantage à elles, & qu'il s'en approche & se fait sentir de plus prés.

R. T. T. l. 5. c 5. p. 345.

Il y a encore une réfléxion qui ne coûtera pas beaucoup à mettre icy. C'est qu'on ne voit pas quelles idées pourroient modifier nôtre ame dans la pluspart des sensations qu'elle a : par exemple, lorsque j'entens une trompette sans la voir : est-ce l'idée de la trompette qui touche mon ame d'une sensation de son ? Non sans doute : car j'ai cette idée beaucoup plus présente en regardant de mes deux yeux la trompette, qu'en entendant celui qui en joüe. Est-ce l'idée de l'agitation que reçoit l'air, par les vibrations de la trompette ? Non ; puisque nous n'avons pas l'idée claire de l'air, ni de cette agitation particuliere qui fait le son : ce n'est pas non plus l'idée de l'homme qui joüe ; car nous aurions beau nous représenter un joüeur de trompette les joües enflées ; nous n'entendrions pas pour cela un air, ni tel air de trompette. Quelle idée donc, en touchant par son efficace mon ame, la modifie d'une perception de son, très-forte & très-sensible ? Il est aisé d'appliquer ceci à mille autres exemples de toute espece de sensations, d'odeurs, de saveurs, de douleurs, de plaisirs, &c.

CHAPITRE VII.

De la veuë des veritez necessaires & de l'ordre immuable en Dieu.

C'Est un petit stratagême de Rhétorique, lorsqu'on veut persuader quelque chose qui n'est pas trop fondé en raison, & que l'on n'entend point assez soi-même, pour le bien développer aux autres; de faire joüer en sa faveur tous les ressorts de l'imagination; d'étonner, d'émouvoir par des expressions magnifiques, par des manieres assûrées, par des peintures éblouïssantes, par des figures véhémentes, exclamations, apostrophes au Ciel & à la Terre, invectives, &c. en un mot, de faire grand bruit, en répétant mille fois par des tours toûjours nouveaux, la même chose. On supplée par de tels artifices, à la stérilité d'un mauvais fond : & pour l'ordinaire, c'est une voïe seure pour faire croire à certains Lecteurs, aussi-bien qu'Auditeurs, qu'on dit de belles choses, quoi qu'ils n'y comprennent rien. Nôtre Auteur, qui est sans comparaison meilleur Orateur que Philosophe, a parfaitement sçu mettre en usage ce moïen de faire valoir l'opinion où il est, que nous voïons en Dieu les veritez necessaires, & certaines Loix éternelles d'un ordre immuable : si l'on veut se donner le plaisir de s'en convaincre par ses yeux, on n'a qu'à lire la quatriéme des Méditations Chrétiennes, dans laquelle, comme dans toutes les autres, je suis seulement fâché que nôtre contemplatif ose faire débiter des rêveries à Jesus-Christ même, & prenne en vain ce nom sacré, presque à toutes les pages : c'est pousser trop loin l'estime & la vénération qu'il a pour les productions de son propre esprit.

Il commence cette méditation par un humble aveu qu'il fait à Dieu de ses pechez, dont il appréhende que le désordre ne blesse la beauté de l'ordre ; que la laideur ne lui fasse horreur : aprés cette édifiante précaution, il fait avec confiance sa priere en ces termes : O Jesus, vous m'avez dit (dans « la méditation précedente) que « vous êtes l'ordre aussi-bien que « la verité, & je l'ai crû : mais qu'- « ay-je conçû alors ! O mon uni- « que Maître, je ne fais que me « troubler moi-même, lorsque « vous ne m'éclairez pas : je veux « passer toutes les beautez sensi- « bles, pour m'élever jusqu'à vous... « O Jesus, faites moi comprendre « comment vous êtes la verité & « l'ordre. Découvrez-vous à moi, « & que je sçache précisément ce « que c'est que j'aime avec tant d'ar- «

I.

M. 4.
p. 48.

258 Réfut. d'un nouveau Syst.

» deur... Cette priere achevée, il la fait exaucer sur le champ, en se faisant répondre le Sauveur, en très-habile Malebranchiste. Enfin, la réponse étant donnée telle qu'il la souhaitoit, il chante ce Cantique d'action de graces : » O Jesus,
» ordre, verité, lumiere, nourritu-
» re solide des esprits, je vous dois
» mille actions de graces pour tous
» les biens que vous me faites ! O
» Pasteur de nos ames, qui habitez
» dans le plus secret de nôtre rai-
» son, & qui nous nourrissez sans
» cesse de la substance intelligible
» de la verité; que tous les esprits
» vous adorent & vous rendent gra-
» ces de vos bienfaits ! Hélas ! à
» quoi pensent les hommes ? Ils
» chantent vos loüanges, aprés que
» vous avez nourri leur corps de la
» chair des animaux, & des fruits
» de la terre ; & ils oublient de vous
» rendre graces, lorsque vous avez

p. 67.

nourri leur esprit de vôtre sub- « stance... O Manne céleste, vous « êtes le pain des Anges, & les « hommes charnels vous regardent « comme une viande creuse & lé- « gere.. Vous renfermez dans vous « tout ce qu'il y a de délicatesse & « de substance dans les mets les « plus exquis, & ils vous préferent « les porreaux, les oignons & les « choux... A vous, ô verité in- « telligible, qui pénétrez tous les « esprits de vôtre lumiere ! &c. «

Je m'assûre qu'aprés un si beau début & une conclusion si extatique de sa conversation avec la Sagesse increée : il n'y a personne qui ne soit curieux de sçavoir ce que le Verbe lui a révelé : sans doute que ce sont des choses aussi admirables que celles qu'entendit saint Paul, quand il fut ravi au troisiéme Ciel ? On en va juger par la réponse qu'il a reçûë, & dont il nous a fait part. En voicy la substance :

p. 54. O mon Fils, fait-on dire au Verbe, lorsque tu vois que deux fois deux font quatre, & que deux fois fois deux ne sont pas cinq, tu vois des veritez : car c'est une verité que deux fois deux font quatre, ou que deux fois deux ne font pas cinq ; mais que vois-tu alors, sinon un rapport d'égalité entre deux fois deux & quatre, ou un rapport d'inégalité entre deux fois deux & cinq ? Ainsi les veritez ne sont que des rapports : mais rapports réels & intelligibles... Or tous les rapports se réduisent à trois genres : aux rapports entre les êtres créez : aux rapports entre les idées intelligibles : & aux rapports entre les êtres & leurs idées. Mais comme je renferme seulement en ma substance les idées intelligibles ; il n'y a que les rapports qui sont entre ces idées, qui soient des veritez éternelles, immuables & necessaires. Le rapport d'égalité entre deux fois deux & quatre, est une verité éternelle, immuable & necessaire.... Ainsi je suis la verité éternelle, parce que je renferme en moi-même toutes les veritez necessaires... & que je découvre aux esprits ma substance, comme la verité ou la réalité intelligible, dont ils se nourrissent.

Maintenant, afin que tu comprennes clairement que je suis l'ordre immuable & la Loy éternelle: il suffit que tu sois persuadé de deux veritez incontestables : La premiere, que mon Pere m'aime d'un amour necessaire... La seconde, que je renferme necessairement dans la simplicité de mon être, des perfections differentes; puisque je sçai qu'il y a differentes perfections dans les créatures, & que je ne les puis connoître que par la difference des idées qui sont en moi. Car enfin, si ce qui est en moi représentant corps, étoit en tout sens la même perfection que ce qui est en moi, représentant esprit ; tu vois bien que je ne pourrois pas connoître la différence qu'il y a entre un esprit & un corps... S'il est donc vrai que mon Pere m'aime par la necessité de sa nature ; & que je renferme dans l'infinité de ma substance, & dans la simplicité de mon être, des perfections differentes... Il est évident que mon Pere a necessairement plus d'amour pour ce qu'il y a en moi de plus parfait, que pour ce qu'il y a de moins parfait... & supposé que l'idée que j'ai de l'esprit de l'homme, renferme cent fois plus de perfection, que celle que j'ai de son corps : il est necessaire que Dieu aime cent fois plus l'esprit intelligible, que le corps intelligible, &c.

Réduisons encore cette réponse du Verbe Malebranchiste, à de moindres termes ; voilà ce qu'elle

de Metaphysique. 263
nous apprend : 1°. Que deux & deux font quatre, & ne font pas cinq ; & que le Fils de Dieu est la verité éternelle, parce qu'il nous fait voir cela dans sa substance. 2o. Que la substance Divine est composée de perfections fort differentes, dont les unes sont cent fois plus excellentes que les autres : & que l'ordre immuable consiste, en ce que Dieu a necessairement cent fois plus d'amour pour certaines de ses perfections, que pour les autres.

En verité, je ne sçai si l'on doit rire, ou s'indigner, de voir qu'un homme soit capable de mettre sérieusement de tels discours dans la bouche de la Sagesse increée. Mais il faut que certaines gens se laissent étrangement éblouir par le Phœbus, qui régne d'un bout à l'autre dans ces Méditations prétenduës Chrétiennes, pour donner dans toutes les bizarres opinions dont elles sont remplies, sans faire réfléxion sur le faux & le badin de cet Ouvrage!

R.T. 1.
L. 3. 2.
p. 6. 6.
p. 220.
221.
T. 2. p.
253.
255.
&c.
Ecl. 10.
C. p...

L'Auteur rebat souvent les mêmes choses dans la seconde partie du troisiéme Livre de la Recherche : dans le dixiéme Eclaircissement sur la nature des idées : dans le troisiéme Entretien des Conversations, qu'il nomme Chrétiennes, & dans ses autres Livres ; & par tout, il païe beaucoup de mots & d'imagination.

II. Il me semble qu'on a montré par d'assez bonnes raisons, dans les Chapitres précedens, que les idées primordiales, les exemplaires intelligibles de la matiere, des figures, des nombres, & de quelqu'autre être créé que ce soit, n'étoient ni ne pouvoient être en Dieu, de la maniere que le prétend le P. M. que quand par impossible on les y supposeroit, nous ne pourrions pas pour cela les y voir, sur tout dans

les

ses principes : ainsi il est faux que nous voïons dans le Verbe le rapport d'égalité entre deux fois deux & quatre : ni celui d'inégalité entre deux fois deux & cinq. Il est encore plus faux que Jesus-Christ soit la verité éternelle, dans le ridicule sens que nous vient d'expliquer l'Auteur ; parce qu'il renferme en sa substance les veritez semblables à celle-cy : deux fois deux font quatre, & deux fois deux ne font pas cinq : par consequent, il est encore faux ce que dit nôtre Philosophe : " Que les vûës abstrai- « R. T. I.
tes des veritez générales, soient « l 5. c.
les efforts d'un esprit qui s'atta- « 5. p.
che à Dieu, & qui quitte les « 346.
corps. Que l'application à la Mé- « Ib.
taphysique & aux Mathémati- «
ques, soit l'application de l'esprit «
à Dieu, la plus pure & la plus par- «
faite dont on soit naturellement «
capable. Que lorsque l'esprit voit « Ib. p.
la verité : par exemple, que deux « 343.

» & deux font quatre : non-feule-
» ment il foit uni à Dieu, il poffe-
» de Dieu, il voie Dieu; mais qu'il
» voïe auffi en un fens la verité
» comme Dieu la voit. D'ailleurs, que peuvent fignifier ces propofitions dans la bouche d'un homme, qui dit que la diftinction de naturel & de furnaturel, eft extravagante, & même dangereufe dans la Philofophie d'Ariftote; parce que cette diftinction peut détourner de Dieu ceux qui ne fçavent pas (comme les Malebranchiftes) confulter la verité: qui n'apporte de cette diftinction, qu'une explication frivole, & accommodée à fes principes; aprés quoi, fe contentant d'en infinüer legerement une autre plus veritable, il ajoûte d'un tour de mépris & de raillerie, que cela fuffit pour conferver une diftinction dont on appréhende peut-être fans fujet la deftruction? Je ne fçai fi le P. M. s'oppoferoit trop

T. 2. p 309. Ecl. 15.

à la canonisation de Platon, de Porphyre, de Zenon, d'Archimède, de Spinosa même; car très-certainement ces Personnages sçavoient plus d'Arithmetique & de Géometrie, que la pluspart des Saints du Martyrologe; & par consequent, ils étoient selon ses principes beaucoup plus unis à Dieu, & le possedoient dès cette vie d'une maniere bien plus pure & bien plus parfaite, que tous ces grands Saints que nous honorons. Que le Péripateticien du premier Chapitre trouveroit encore d'autres beaux commentaires à faire sur ce point du Malebranchisme, & sur les Passages qu'on vient de rapporter; que tout cela reviendroit bien au plan qu'il s'est fait de la nouvelle Métaphysique.

Mais, s'écrie le P. M. pour gagner au moins quelque chose par le bruit, si cette verité que deux & deux sont quatre, n'est pas dans

Dieu : il n'y a plus de veritez éternelles, necessaires & immuables; on ne peut plus s'assûrer d'aucune chose; le fondement des sciences est ruiné; le pyrrhonisme est établi : tout est perdu; car..... Tout beau, ces grandes clameurs font perdre le sang froid si necessaire pour raisonner juste.

III.
Ci-dessus, Ch. 3. examen du 3. article. n. VI.

J'ai déja expliqué en quel sens & comment les idées des choses étoient nécessaires, éternelles & immuables, & par consequent, comment il y avoit aussi des veritez necessaires, éternelles & immuables, sans qu'on vît Dieu, & sans que la substance Divine fût un ouvrage mal assorti d'une infinité de differentes pieces. J'explique maintenant, comment tous les hommes voïent en eux-mêmes ces veritez, & sont obligez d'en convenir également, sans que pour cela il soit necessaire qu'ils contemplent une raison universelle qui les éclaire tous.

de Metaphysique. 269

Suppose que j'apperçoive dans mes sensations l'étenduë, les figures & les nombres, de la maniere que j'ai exposée dans le quatriéme Chapitre; maniere appuïée sur le sentiment interieur, & prouvée à chacun par sa propre experience: je dis que tous les hommes, de quelque païs & de quelque nation qu'ils soient, doivent avoir les mêmes idées d'étenduë, de figures & de nombres; parce que les ames de tous les hommes étant de même espece, & unies de la même façon & selon les mêmes Loix, à des corps tous semblables; tous aussi reçoivent des objets qui frappent leurs sens des impressions, & ensuite des sentimens semblables, qui par consequent renferment & présentent à chaque esprit les mêmes idées de la maniere que nous avons expliqué; aussi bien qu'ils leur font appercevoir les mêmes qualitez sensibles. Or tous les hom-

Ci-dessus, Ch. 4. n. VX.

Ib.

M iij

mes aïans ainsi les mêmes idées, il n'est pas surprenant qu'ils voient entre ces idées les mêmes rapports, puisque ces idées les ont veritablement ; comme celui d'égalité entre deux fois deux & quatre, & d'inégalité entre deux fois deux & cinq ; il les apperçoivent ces rapports précis & clairs dans leurs idées : comme ils apperçoivent le rapport confus d'une grande à une petite douleur de même espece ; & les differences des sensations de lumiere & de couleurs, d'avec celles qu'excitent les sons. Il n'est pas non plus étonnant qu'ils conviennent des proprietez de ces idées ; par exemple, qu'une boule est divisible, & que si le plan coupant passe par le centre, il la divise en deux parties égales : puisque c'est la même chose de voir qu'une boule est étenduë, & de voir qu'elle est divisible : & c'est aussi la même chose qu'un plan divisant passe

C.E ; p. 113.

par le centre d'une sphere, & qu'il la divise en deux hémispheres égaux. Et quand le P. M. nous dit qu'il est absolument necessaire que la substance de Dieu découvre par elle-même & dans elle-même ces idées & leurs rapports intelligibles à toutes les intelligences : c'est comme s'il disoit, qu'il est absolument necessaire que la même substance de Dieu, soit verte, rouge, & jaune, froide & chaude, &c. & que nous appercevions en elle toutes ces qualitez sensibles; puisqu'il paroît assez constant que tous les autres hommes de tous païs & de toutes nations, voïent à-peu-près comme nous, nos campagnes vertes au mois de Mai, nos moissons jaunes au mois d'Août, nos vendanges rouges en Septembre ; qu'ils entendent du son, lorsqu'on bat le tambour ; qu'ils sentent le froid en hyver & le chaud en esté. Le P. M. me répondra que

V. R. T. 2.p.253. Ecl. 10.

ces sensations sont des modifications de l'ame de chaque homme; au lieu que nos idées sont fort distinguées de nos modalitez. Mais premierement, c'est la question; car je prétens moi, que nos idées sont autant des modalitez de nôtre esprit, que nos sensations : & j'ai, ce me semble, démontré la fausseté de l'opinion Malebranchiste, sur la prétenduë réalité absoluë de nos idées, & leur existence dans Dieu. Mais secondement, d'où nôtre Auteur sçait-il que les sensations sont des manieres d'être de l'ame, lui qui proteste que ce n'est pas le sentiment interieur qui le lui apprend? Il ne peut pas non plus le conclure, comme il fait, de l'idée de l'étenduë; car il est impossible de voir les manieres d'être d'une substance, dans l'idée d'une autre substance toute differente. Comment dans ses principes se démêleroit-il donc des visions de quelque imagination aussi vigoureuse que la sienne, qui prétendroit par ses propres raisons, que les couleurs & les sons, la chaleur & la froideur, &c. seroient dans Dieu aussi bien que le cercle & le quarré, que les nombres 2. 4. 8. 10. mais d'une maniere également spirituelle, & que nous ne pouvons comprendre ; & le prouveroit à son exemple, parce que tous les hommes de tous païs apperçoivent de la même maniere ces qualitez sensibles ; & qu'ainsi c'est une necessité qu'ils les apperçoivent tous dans une substance universelle, qui les possede ?

16 p.
253.
E:l. 10.

   Venons présentement à ce qui regarde l'ordre immuable. On a déja souvent remarqué, & il n'est que trop évident par soi-même, qu'on ne peut dire sans absurdité, que la substance de Dieu soit composée de perfections réelles differentes : ensorte qu'il y ait réellement dans elle quelque chose de

IV.

plus parfait, & quelque chose de moins parfait; que Dieu aime cent fois plus quelque chose qui est en lui; que quelqu'autre chose qui est également en lui; en un mot, que des êtres intelligibles très-réels, aïent en Dieu une existence necessaire, & ne soïent pas en tous sens également parfaits, soient mêmes tous differens, & n'aïent rien de commun. Voilà donc le fondement de l'ordre immuable renversé: ou plûtôt l'ordre, tel que l'imagine nôtre nouveau Philosophe, est la plus monstrueuse de toutes les chyméres.

R.T 1
l. 3. 2
p. c. 3.
p. 209
T. 2. p.
258.
259.
Ecl. 10.
E. 2. p
43. 44.
&c.

Néanmoins, souffrons, si on le veut, pour quelque temps, cette chymére: s'ensuivra-t-il que nous voïons cet ordre dans le Verbe, comme le prétend l'Auteur? nullement; & il se contredit même par cette prétention. La preuve en est aisée. Il fait consister l'ordre dans les rappors de perfection qui sont entre les idées des Etres, ou des manieres d'être de differentes

de Metaphysique. 275

natures : « ces rapports, dit-il, sont « M.4. p.
l'ordre : ce sont des veritez, & « 51. &c.
en même temps des Loix im- « Ib. p.
muables & necessaires ; des régles « 62.
inviolables de tous les mouve- «
mens des esprits créez : parce que « R.T. 2.
Dieu s'aimant necessairement, il « p. 259.
aime davantage ce qui est en lui « Ecl. 10.
qui renferme plus de perfection, «
que ce qui en renferme moins : & «
nous aïant créez à sa ressemblan- «
ce, il veut que nous aimions aussi «
davantage ce qui mérite plus d'ê- «
tre aimé, que ce qui le merite «
moins. Sur quoi voicy comme je «
raisonne. Par consequent, afin que
nous vissions l'ordre dans la substance Divine ; il faudroit que nous
vissions les perfections de cette substance, qui sont représentatives des
êtres, & que nous découvrissions
dans Dieu, les idées des differentes
natures qui ont ces rapports de per- R.T. 2.
fection dans lesquels consiste l'ordre : l. 3.
or le P. M. qui ne reconnoît point au p. 6. 7
p. 223.

M vj

monde d'autres êtres ni d'autres natures que l'esprit & le corps; enseigne par tout que nous ne voïons point en Dieu l'idée de l'esprit, ou la perfection intelligible qui représente la nature spirituelle: donc il est obligé d'avoüer que nous ne voïons pas en Dieu les rapports de perfection qui sont entre l'idée de l'être spirituel, & l'idée de l'être corporel, ni ceux qui sont entre les idées des manieres d'être de ces deux substances: puisque pour voir les rapports de ces idées, il faudroit voir les idées mêmes qui ont ces rapports : il faudroit voir en Dieu & l'idée de l'esprit & l'idée du corps : il faudroit y découvrir & les idées de telles manieres d'être de l'esprit, & les idées de telles manieres d'être du corps; car il est clair qu'on ne peut voir le rapport qui est entre deux choses, si on ne voit les deux choses. Donc il faut qu'il avoüe encore, puisque ces rapports sont l'ordre même, que nous ne voïons point l'ordre en Dieu : & qu'ainsi il se contredit quand il prononce en termes formels : « qu'étant faits pour Dieu nous voïons cet ordre en lui ; cet « ordre, dis-je, qui est le rapport de l'esprit intelligible au corps intelligible ; car il est à remarquer, que son exemple de l'esprit & du corps, est son exemple favori, qu'il apporte le plus souvent pour prouver que nous découvrons en Dieu la beauté de l'ordre : c'est même le seul qu'il puisse apporter en rigueur ; car cet Auteur reconnoissant, comme l'on a veu, qu'il n'y a que ces deux êtres dont nous aïons quelque connoissance ; il s'ensuit que tout l'ordre que nous pourrions connoître, se réduiroit, selon lui, aux rapports mutuels de ces deux seules substances, & de leurs modalitez.

Ib.
p. 259.
Ecl. 10.

Ib.

Aprés ces deux réfléxions, que

l'ordre du P. M. est une chymére, & que son Auteur ne peut pas même prétendre que nous le voïons en Dieu, sans se contredire assez grossierement lui-même : qu'on lise ces magnifiques éloges qu'il en fait dans tous ses Livres : ces belles & triomphantes conclusions sur la maniere d'agir de Dieu, qu'il tire de ce principe : ces pathétiques Sermons qu'il fait contre ceux qui ne veulent pas s'y conformer ; & sans doute l'on sera surpris que ce Philosophe bâtisse de si grandes choses sur rien ; cela apprendra du moins qu'il est bon de ne pas croire sur sa parole, qu'il voïe toutes les merveilles qu'il se vante de voir.

V. Mais quoi, me dira-t-on, est-ce qu'il n'y a pas effectivement un ordre, une loy naturelle qui oblige toutes les créatures raisonnables, & que Dieu veut necessairement que nous suivions ? Sans doute il y a une telle loy : mais cette loy ne consiste point dans des rapports de perfections Divines qui soient réellement differentes & inégales dans Dieu même : mais cette loy, les hommes ne la lisent point immédiatement, & directement dans la substance du Verbe.

Cette Loy n'est autre chose que la lumiere naturelle que toute créature raisonnable trouve en soi-même, & qui, pour peu qu'elle veüille y faire attention, l'éclaire ; premierement sur les devoirs généraux ; secondement sur les conclusions pratiques qu'elle en doit tirer, selon les conjonctures où elle se trouve. Cette Loy, c'est la raison que Dieu nous a donnée en partage pour nous conduire de la maniere qu'il convient, par rapport à l'Auteur de nôtre être, par rapport à nous-mêmes, par rapport aux autres hommes avec qui nous vivons. C'est cette lumiere de la raison qui nous dicte qu'il faut honorer Dieu, le craindre, & l'aimer par dessus toutes choses; ne point violer les droits de nôtre prochain; préferer, par rapport à nous-mêmes, les biens de l'esprit à ceux du corps; la vertu au plaisir, &c.

Cette Loy, est une loy naturelle, parce qu'elle est fondée sur la nature même des choses, à l'égard desquelles elle nous prescrit des regles de conduite : sur la nature de Dieu souverain être & souverain bien : sur la nature du prochain nôtre semblable : sur la nature de l'esprit, substance plus noble que le corps : sur la nature du corps, substance inferieure à l'esprit. Par consequent cette Loy est immuable; car les natures ou essences des choses ne peuvent changer : elle est necessaire par la même raison; & parce que Dieu, Auteur de la nature, & la souveraine raison en ordonne l'observation par un acte necessaire de sa divine volonté : elle est éternelle , parce qu'il n'a jamais pû , & il ne pourra jamais y avoir de créatures raisonnables exemptes de cette Loy.

Au reste, nous connoissons l'excellence de la nature de Dieu, en nous élevant à lui par la consideration de ses Ouvrages. Nous sentons que la partie spirituelle de nôtre propre être, vaut mieux que la partie corporelle : enfin , nous avons mille preuves que les autres hommes ne sont point d'une nature inferieure à la nôtre.

Je veux bien aussi qu'on appelle cette Loy naturelle , l'ordre immuable , ou, si l'on aime mieux, qu'on donne ce nom aux rapports de perfection qui sont entre les natures mêmes : rapport de distance infinie entre Dieu & les créatures : rapport d'égalité ou de ressemblance entre la nature d'un homme , & celle d'un autre homme : rapport d'inégalité entre l'esprit beaucoup superieur au corps, & le corps d'autant inferieur à l'esprit. Qu'on ajoûte encore, ce qui est très-vrai, que Dieu nous donne un penchant naturel à garder cette Loy; nous porte à l'observer, par la satisfaction interieure dont il récompense nôtre fidelité; nous punit lorsque nous la violons, par des remords & de secrets reproches de nôtre raison; qu'il nous inspire de l'amour pour l'ordre, entendu comme nous le venons d'expliquer: qu'on dise encore à la bonne heure, que c'est par cet amour & par ce goût naturel de l'ordre, qu'on se sent choqué & indigné lorsque dans une assemblée un mal-honnête homme veut, ou par ses manieres ou par ses discours, s'attirer l'attention ou le respect qu'il doit lui-même à une autre personne, qui a plus de qualité ou de merite que lui : je ne m'opposerai point à tout cela.

Mais qu'on ne prétende pas avoir fait de bonnes difficultez contre cette courte exposition du sentiment commun des personnes sensées, sur la Loy naturelle; lorsqu'on aura seulement beaucoup crié, que si cela étoit ainsi, nôtre raison seroit *lumiere illuminante*, au lieu qu'elle ne doit être que *lumiere illuminée*; que nôtre nature qui n'est que corruption, seroit l'ordre même, &c. Le bon sens méprise ces objections, & s'étonne que ceux qui les forment, n'en voïent pas le foible, eux qui voïent tout en Dieu, comme Dieu même.

CHAPITRE VIII.

De l'autorité de saint Augustin.

APrés avoir montré, comme je croi l'avoir fait, la fausseté des opinions du P. M. touchant la veuë immédiate & directe qu'il s'est imaginé que nous avions dès cette vie, de la substance de Dieu; touchant la nature même de Dieu; touchant la nature des idées; touchant la veuë des veritez éternelles, de l'ordre immuable, de toutes choses généralement, & même des corps en Dieu. Aprés avoir exposé les absurditez, les contradictions, les conséquences dangereuses que renferme cette étrange Doctrine. Il me semble que les personnes judicieuses ne pourront voir sans quelque indignation, que l'Auteur entreprenne de mettre toutes ces rêveries sur le compte de saint Augustin. Pour ceux qui seroient entêtez du Malébranchisme, jusqu'à croire sur la parole de leur Docteur, qu'effectivement ce grand Saint a été dans tous les mêmes sentimens qu'eux : ils ne devroient pas du moins trouver mauvais qu'en ce cas, nous dissions de lui en particulier, ce que le P. M. ne craint point de dire de tous les SS. PP. ensemble, par rapport à l'efficace des causes secondes ; sçavoir, que quand il auroit favorisé les opinions de la nouvelle Métaphysique, on ne seroit peut-être point obligé d'avoir égard à son sentiment, s'il ne paroissoit qu'il eust examiné avec soin cette question : j'ajoûte moi, que sans *peut-être*, on devroit absolument ne point déferer à son autorité, maintenant qu'on est convaincu que cette Philosophie est une très-pitoïable, & très-dangereuse Philosophie.

R. T. 2. p. 317. Eclair. 15.

Mais, graces à Dieu, nous n'en sommes pas réduits là ; puisqu'il est très-certain que saint Augustin n'a jamais été dans le Systême Malebranchiste. Pour le prouver, il est à propos d'examiner quelles ont été les vraïs pensées de ce Pere, sur ce qui pourroit avoir rapport aux matieres dont il s'agit : & afin de les découvrir plus seurement, je prie qu'on me permette de reprendre en peu de mots, la chose de plus haut.

I. L'Histoire de la vie de saint Augustin est assez connuë, pour que peu de gens ignorent qu'il vint au monde dans un temps où la Philosophie étoit autant à la mode qu'elle eust jamais été. Les heureux progrez de la Doctrine de Jesus-Christ, que les Chrétiens soûtenoient avec raison, être la seule veritable sagesse, au prix de laquelle toute la sagesse Païenne n'étoit que folie; avoient animé les anciennes

Sectes des Philosophes à s'élever de concert contre celle-cy : & il s'en étoit encore formé par le mélange de la Philosophie Païenne avec le Christianisme, de nouvelles d'autant plus monstrueuses & plus extravagantes, qu'elles prétendoient accorder des choses infiniment opposées, & tout-à-fait incompatibles. Au reste, toutes ces écoles d'erreur avoient cela de commun, qu'elles se proposoient toutes de chercher la verité, dont la connoissance & l'amour fissent le solide bonheur & le parfait contentement de l'homme dans cette vie. Toutes même se vantoient de l'avoir trouvée & mise de leur côté; excepté les seuls Académiciens, qui faisoient profession de ne reconnoître rien pour certain, sinon qu'on ne pouvoit découvrir avec certitude aucune verité.

Dans ces conjonctures, il étoit naturel qu'Augustin qui avoit l'esprit fort vif & fort curieux, prist quelque parti. Heureux, si docile aux sages conseils de Monique, il se fust d'abord & uniquement attaché à la Doctrine de l'Eglise Catholique : mais le feu de l'âge, & le libertinage de son cœur, l'éloignoient du Roïaume de Dieu, & la simplicité de l'Evangile & de ceux qui le suivoient, ne s'accommodoit ni avec le goût qu'il avoit pris dans la lecture des Orateurs prophanes, ni avec une secrette passion de se distinguer, & d'obtenir quelque rang parmi ceux qui passoient alors pour les grands génies & les beaux esprits du temps.

La Secte des Manichéens, fort répanduë dans l'Afrique, étoit bien plus conforme à toutes ses inclinations : elle avoit, & de quoi flatter la vivacité de ses passions par l'entiere liberté qu'elle leur donnoit, & de quoi piquer la curiosité de son esprit, par un langage aussi séduisant

duisant qu'extraordinaire, sous lequel ces hommes charnels & impies affectoient de couvrir mille & mille mystéres : mais mystéres d'iniquité. Ils avoient toûjours ce mot à la bouche, verité, verité ; & ils promettoient de la faire voir à leurs Disciples. *Confess. L. 3 c. 6.*

Augustin eut donc le malheur de donner dans leurs pieges dès l'âge de dix-neuf ans, & d'y demeurer environ jusqu'à sa vingt-neuviéme année, dans laquelle il eut occasion de pratiquer à Cartage le fameux Fauste, l'un des principaux Chefs du parti, de qui il esperoit recevoir quelques éclaircissemens sur plusieurs doutes que lui avoit fait naître la lecture des Philosophes, à laquelle il s'étoit fort adonné pendant les dix dernieres années. Mais il s'apperçut bien tôt que cet homme avoit plus d'enflûre & de présomption, que de veritable science, & il se convain- *L. 4. c. 1. L. 5. c. 3 5. c. 7.*

quit qu'il s'étoit trompé en suivant des trompeurs.

Ainsi dégoûté du Manichéisme, il va à Rome : & là, fatigué de tant d'inutiles recherches qu'il avoit fait sans pouvoir se contenter l'esprit, & faisant réfléxion qu'il avoit lû & médité quantité d'Ouvrages de differens Philosophes, qui n'avoient eu sur lui d'autre effet, que de multiplier & augmenter ses doutes, sans l'éclairer sur rien ; il lui vint en pensée que de toutes les Philosophies, la plus raisonnable étoit celle des Académiciens, qui soutenoient, que les hommes se fatiguoient en vain dans la Recherche de la verité : parce qu'ils ne pouvoient jamais parvenir à la trouver. Ce nouveau Systéme lui plût, & il le goûta tellement, que malgré les discours de saint Ambroise qu'il entendit à Milan, où il étoit allé de Rome : malgré l'estime singuliere qu'il avoit conçûë de l'érudition & de la sainteté de ce grand Evêque, il demeuroit toûjours dans l'incertitude, n'étant plus Manichéen à la verité, mais n'étant pas pour cela Catholique. Peut-être même auroit-il joüi dans ce dernier parti qu'il avoit pris, d'une funeste tranquillité, si les prieres & les larmes de sa sainte Mere n'avoient engagé Dieu à ne pas laisser en repos cet enfant Prodigue.

 Telles étoient les dispositions d'Augustin, lorsqu'il eut, pour la premiere fois, occasion de lire quelques Ouvrages des Platoniciens, qui étoient peut-être les seuls Philosophes dont il n'eût encore rien veu : parce qu'il avoit négligé dans ses premieres années, l'étude de la langue Greque. Dieu permit, à ce qu'il dit lui-même, qu'un homme de cette Secte les lui mît entre les mains, traduits en Latin. Il les lût avidement ; & comme il avoit l'esprit fort subtil, & naturellement amateur des choses abstraites, la Doctrine de Platon l'éblouït & le charma ; elle lui fut une occasion de rentrer plus sérieusement que jamais en lui-même ; elle réveilla sa passion pour la recherche de la verité.

Cette inclination qu'il avoit conçûë pour la Doctrine Platonicienne, le disposa d'abord à la trouver conforme à l'Ecriture-Sainte, sur ce qui regarde la nature de Dieu, & de l'esprit ; & cette conformité qu'il aimoit à trouver entre Platon & les Auteurs sacrez, accommodoit si bien dans ces commencemens, d'un côté, le desir qu'il conservoit encore de pénétrer dans les mystéres de la Philosophie, & d'un autre, les secrets mouvemens que la grace lui inspiroit pour le porter à embrasser tout de bon le veritable christianisme ; que son cœur commençant à être d'accord avec son esprit, il s'applaudissoit d'avoir enfin rencontré ce qu'il cherchoit vainement depuis tant d'années. L'autorité de l'Ecriture, pour laquelle il gardoit toûjours une secrette vénération, justifioit sa prévention pour le Platonisme : & l'éclat où étoit la Philosophie de Platon, soutenoit & augmentoit l'estime qu'on lui avoit inspirée dès son enfance pour l'Ecriture-Sainte. Il ne tarda donc guéres à prendre plus de goût à la lecture des Livres sacrez, qu'il n'en avoit jamais eu. Il y trouva (sur tout dans les Epîtres de saint Paul) beaucoup de choses que ne lui avoient point encore appris les Livres des Platoniciens, mais qui ne firent qu'augmenter son attachement pour cette Philosophie ; persuadé qu'il étoit, qu'elle avoit été l'instrument dont Dieu s'étoit servi pour le retirer de ses égaremens & l'appeller à lui. Et il paroît par la suite de ses Ecrits, qu'aprés sa conversion, qui arriva dans ces conjonctures, il conserva tout le reste de sa vie ces préjugez avantageux au Platonisme.

Car il continua à lire Platon lui-même, & les Platoniciens qui étoient alors en réputation ; sçavoir Plotin, Jamblic, Porphyre, Apulée ; & il les goûta si fort, qu'il préfera infiniment toutes les parties de leur Philosophie, à toutes les autres tant anciennes que modernes : qu'il crût devoir, dans les matieres Théologiques, traiter avec eux préferablement à tous les autres ; parce qu'ils avoient seuls l'avantage d'avoir mieux pensé de Dieu, créateur du Ciel & de la Terre. Il fut persuadé que ces grands Philosophes, quelque nom qu'on leur donnast, quoique celui de Platoniciens leur convînt le mieux, avoient approché du Christianisme plus que tous les autres ; qu'ils auroient même eu peu de chose à changer dans

De civitate Dei. L. 8.

C. 5. 6. 7 8. 10. 11. 12.

leur Doctrine, pour devenir Chrétiens : *Paucis mutatis verbis atque sententiis, Christiani fierent.* Il conçût en particulier une si haute idée de Platon, & du rapport de ses Livres avec l'Ecriture-Sainte, qu'il dit qu'on se trouve surpris, lorsqu'on voit en les lisant, qu'il a pensé de Dieu d'une maniere très-conforme à la verité de nôtre Religion : *Mirantur cùm legunt, Platonem de Deo ista sensisse quæ multùm congruere veritati nostræ Religionis agnoscunt.* Soit, ajoûte-t-il, que Platon eust lû les Livres de Moïse ; soit que Dieu, comme dit l'Apôtre, le lui eust manifesté par la veuë & la consideration des créatures. On ne peut douter qu'il n'ait aussi estimé Porphyre en plusieurs choses ; il en parle comme d'un homme de beaucoup d'esprit : *Homo iste non mediocri ingenio præditus.* Il dit qu'il a corrigé Platon sur des points impor-

L. de verâ Rel. c. 4.

De civit. L. 2. c. 11.

Ib. L. 10. c. 32.

tans ; *nonnulla & non parva emendavit.* Il trouve même dans lui la Trinité des personnes en Dieu assez bien marquée. *Quæ autem dicat esse principia tanquam Platonicus, novimus ; dicit enim Deum Patrem, & Deum Filium, quem græcè appellat paternum intellectum vel paternam mentem. De spiritu autem sancto, aut nihil, aut non apertè aliquid dicit ; quamvis quem alium dicat horum medium, non intelligo.... nimirum hoc dixit, ut potuit, sive ut voluit, quod nos spiritum sanctum, nec Patris tantùm, nec Filii tantùm, sed utriusque Spiritum dicimus.*

Ce n'est pas néanmoins que je prétende que saint Augustin se soit absolument livré à toutes les opinions de Platon, jusqu'à travailler à accommoder la Religion Chrétienne à cette Philosophie, comme a osé l'avancer, de lui & des au-

lib.c.30. & L.22.c. 26.27. L.10. c.23.

tres Peres des premiers siécles, l'impie Auteur d'un Livre intitulé, le Platonisme dévoilé; dont le sçavant Pere Baltus a montré l'ignorance. En effet, il ne faut pas avoir beaucoup lû saint Augustin, pour sçavoir qu'il refute une infinité d'erreurs des Platoniciens, & qu'il désapprouve en eux généralement tout ce qui ne lui semble pas conforme à l'Ecriture & à la Foy de l'Eglise : & pour être convaincu qu'il méprisoit souverainement tous les Philosophes Païens, & Platon en particulier, en comparaison des Auteurs sacrez. Qui de vous ne se moqueroit pas de moi, dit ce Pere en parlant aux Chrétiens, si je lui parlois de la sorte; croïez cela, parce que Platon l'a dit : *Si dicam vobis ; credite, hoc dixit Plato; quis vestrûm non irridebit me ?* Car, dit-il encore, qu'est-ce que Platon, Pythagore, Aristote, comparez à l'Evangile ? Ils semblent à

Enarr. in Psal. 103 sur la fin.

Enarr. in Psal. 112.

la verité dire quelque chose, lorsqu'on ne les compare pas à la pierre fondamentale de l'Eglise : & ainsi, lorsque nous trouvons qu'ils ont dit quelque chose qu'a dit Jesus-Christ, nous les loüons ; mais nous ne les suivons pas, nous ne suivons que Jesus-Christ, la verité même qui étoit avant eux. *Tamdiu videntur aliquid dicere, donec comparentur petræ : proptereà si inventus fuerit aliquis eorum hoc dixisse quod dixit & Christus, gratulamur ei; non sequimur illum : sed prior fuit ille quam Christus ? falsè : si quis vera loquitur ; prior est, quàm ipsa veritas ?*

Or, que veus-je conclure, & du récit que je viens de faire des égaremens de saint Augustin, dans la recherche de la verité, & des préjugez favorables aux Platoniciens ; sur tout à Platon lui-même, & à Porphyre, que j'ai montré qu'il ayoit conçû dès le temps de sa conversion, & conservé pendant le reste de sa vie ? Le voicy,

II. C'est qu'il n'y a pas lieu de douter que ce n'ait été là la source des opinions particulieres qu'a eu ce Pere, touchant la nature & la connoissance de la verité; & que la persuasion où il étoit que l'Ecriture-Sainte lui avoit fait trouver le vrai sens de la Doctrine Platonicienne, & fourni de quoi la perfectionner, ne l'ait porté à former un systême qu'on voit répandu dans plusieurs de ses Livres, & que je vais tâcher d'exposer icy. Pour plus grande clarté, je le divise en deux parties, dont la premiere, qui regarde la nature de la verité, se ressent davantage du pur Platonisme : la seconde, qui enseigne les moïens de rendre l'ame capable de contempler la verité dans elle-même, semble faire allusion à la Théurgie de Porphyre, qui étoit une maniere *De civit. L. 10.* de purifier l'ame par certaines consécrations magiques qui devoient la rendre propre à voir les Dieux : purification que ce Philosophe, tantôt promettoit d'apprendre comme la tenant lui-même des Caldéens ; tantôt assûroit n'avoir point encore été trouvée de personne, & n'être pas venuë à sa connoissance : & dont il disoit bien des choses mystérieuses, inintelligibles, & quelquefois contradictoires.

Dans la premiere partie de son Systéme.

1°. Saint Augustin semble supposer, comme une chose incontestable, que Platon a fort bien pensé de la nature de Dieu : qu'il l'a connû incorporel, superieur à tous les esprits, premier principe, souveraine verité, souverain bien, souverain Etre, immuable, simple dans son essence, & possedant toutes les perfections ; celui duquel seul la possession peut rendre l'homme heureux, & que la vraie sa-

de Métaphysique. 301
gesse consiste à connoître, à aimer & à imiter.

2°. Il paroît encore assez persuadé, comme on a veu cy-dessus, que les vrais Platoniciens n'avoient pas pensé de la Trinité des personnes en Dieu, d'une maniere fort differente de ce que nous en enseigne la Foy; quoique ces Philosophes se soient expliquez en des termes peu exacts, faute d'avoir comme nous, une regle seure pour mesurer leurs expressions, lesquelles étoient capables d'offenser des oreilles religieuses. *Quæ dicat (Porphyrius) esse principia tanquam Platonicus, novimus, &c. liberis enim verbis loquuntur Philosophi, nec in rebus ad intelligendum difficillimis offensionem religiosarum aurium pertimescunt : nobis autem ad certam regulam loqui fas est, &c.*

3°. Dieu ou le Verbe étant appellé dans l'Ecriture, verité, sagesse, lumiere qui éclaire les hommes, qui leur enseigne la science, qui parle à l'homme dans l'interieur de son ame, &c. Saint Augustin a crû que le monde intelligible de Platon, n'étoit dans la pensée de ce Philosophe autre chose, que la raison même éternelle & immuable, le Verbe divin, la sagesse du Pere, par qui a été fait le monde sensible : *Nec Plato quidem in hoc erravit, quia esse mundum intelligibilem dixit... mundum quippe intelligibilem nuncupavit ipsam rationem sempiternam atque incommutabilem quâ fecit Deus mundum* : où l'on peut remarquer en passant, que le P. M. a tort de dire dans la Préface des Entretiens, " que si Platon n'avoit " point crû que les idées étoient sé- " parées de l'essence Divine, com- " me on l'en accuse, saint Augus- " tin en cela seroit Platonicien ; car on voit qu'il ne tient point à cela

L. 1. retract. c. 3.

L. contra Academicos c. 17. De Ordine. l. 1. c. 11. L. 2. c. 39. Ep. 110 ad Nebridiũ. n. 3. 4.

que saint Augustin ne soit Platonicien.

4º. Le même Saint a crû, par la même raison, que la verité, la justice, la sagesse étoit le Verbe même; c'est-à-dire, l'Etre même de Dieu ou du Verbe ; parce que le Verbe, Jesus-Christ, est appellé dans l'Ecriture, verité, justice, sagesse : *Si aliquid est excellentius (veritate) ille potius Deus est; si autem non est, jam ipsa veritas Deus est. Anima vigebit per incõmutabilem veritatem, qui Filius Dei unicus est.*

5º. Il place les idées, ou les formes exemplaires de toutes choses, que Platon passe pour avoir appellé le premier du nom *d'idées*, dans l'entendement Divin ; *in intelligentiâ divinâ, in mente Creatoris*. Il prétend de plus, que c'est dans Dieu ou dans la verité que résident, & la beauté de la justice à laquelle on doit conformer sa vie, & les régles des mœurs : ou plû-

L. 2. de lib. arbitr. c. 8. 9. &c.

15. De util. cred. c. 15. Ep. 120. L. de Magistro.

L. de verâ Rel. c. 19. De quant. animæ c. 34. Ep. 222. ad consent. &c. L. des 83. q. q. 46. Soliloq.

tôt, il veut que cette justice & cette Loy éternelle, cette beauté primitive, soit Dieu même.

6°. Enfin, il met une grande difference entre les sens & la raison ; le sentiment & l'intelligence ; entre les objets sensibles & les objets intelligibles. Il enseigne que ce n'est que par la raison & l'intelligence, que nous pouvons juger sainement & selon la verité : que les beautez qui nous frappent dans les objets sensibles, ne sont pas la premiere beauté, la beauté immuable & qui ne peut être comparée aux beautez créées.

Voilà, à peu prés, ce qui regarde la premiere partie du systéme qu'on s'est proposé de développer, & qui est manifestement un peu infectée du langage & des opinions Platoniciennes. Je réduis la seconde, aux articles suivans.

L. de ord. l. 2. c. 19. Serm. 38. de verbis Domini c. 2. Confess. l. 18. c. 12. De trinit. l. 8. c. 9. L. 14. c. 15. L. 2. de lib. arb. c. 8. 9. 10. & suiv. L. de Mag. c. 11. 12. de quant. anime. c. 23. 24. 25. 26. 27. L. 9. de trinit. c. 6.

L. 8. de civit. c. 6. L. 12. de Gen. ad lit. c. 24. 25. Ep. 222. ad Consentium.

10. Quoique la sagesse éternelle, le Verbe de Dieu, la verité, le Maître interieur, soient présens par tout ; quoique le soleil qui éclaire les vrais sages, luise également pour tous les hommes, néanmoins il y en a très-peu qui sçachent écouter ce Maître, qui soient capables de connoître cette verité, qui puissent regarder ce soleil & recevoir ses raïons : *Ista videre paucorum est, sapientia non se sinit videri nisi paucissimis & electissimis amatoribus suis*, parce qu'il y en a peu qui n'aïent l'ame soüillée, l'œil de l'esprit malade & gâté : or il n'y a qu'une ame pure & nette, qu'un esprit sain, qui puisse porter ses regards sur la verité : Dieu, Pere de la lumiere intelligible & de toute sagesse, veut que le vrai ne soit connu que de ceux qui sont purs & sans tache. *Solem nisi sanus videre non potest : mundum intelligibilem paucorum sanorum intel-*

L. 2 de lib. arb. c. 8. 9. 10. Tract. 1. & 2. in Ev. Joan. De Mag. c. 12. L. 83. qq. q. 46. L. de Mag. c. 36. 1. Solil. c. 13. De util. credendi c. 16. L. 1. Solil. c. 1. 6. 9.

1. Solil. c. 14. L. 1. de ord.

lectus intuetur. Ceux qui n'ont pas cette pureté, ne peuvent voir que la lumiere qui frappe les yeux du corps, & qui leur est commune avec les animaux privez de raison; celle qui éclaire la raison, ne s'apperçoit que par ceux qui ont le cœur pur.

<small>De gen. contra. Manich c. 3.</small>

2°. C'est donc une necessité que l'ame qui aspire à la sagesse, qui souhaitte de participer à la verité, se purifie avant toutes choses.

<small>De utilit. cred c. 16.</small>

3°. Or cette purification se fait par la penitence, par le renoncement à tout ce qui est capable de salir la conscience, par le dégagement de toutes les choses exterieures, par le mépris des richesses, des honneurs, des commoditez de la vie; alors l'œil de l'ame sera sain. *Oculus animæ, mens est ab omni corporis labe pura, id est à cupiditatibus rerum mortalium jam remota atque purgata.* Alors il verra la lumiere; *quando*

<small>De agone Christ. c. 7. 13. 1. Tract. in Er. Joan. L. 1 soliloq.</small>

<small>Ib. c. 6.</small>

<small>c. 14.</small>

fueris talis ut nihil te prorsus terrenorum delectet, eodem momento, eodem puncto temporis videbis.

4°. Mais l'ame ne peut parvenir à cette pureté que par la Foy, par l'Esperance, par la Charité : car il est necessaire, en premier lieu, qu'elle croïe qu'elle est incapable de voir, si elle n'est saine & purifiée ; afin qu'elle travaille à se purifier, & à aquerir la santé. Il faut en second lieu, qu'elle espere qu'elle se purifiera, & qu'étant purifiée, elle verra. En troisiéme lieu, elle doit aimer & desirer la lumiere, & ne se pas plaire dans ses tenebres. *Ut mens pura & purgata sit ; nihil aliud ei præstat quàm fides primò... fidei spes adjicienda... tertia charitas necessaria est... sine tribus istis anima nulla sanatur ut possit Deum suum videre, id est intelligere.* Il demande outre cela, toutes les autres vertus Chrétiennes, la temperance, la prudence, la force, la justice, &c. produites par la Charité, & il dit : *Hæc est hominis una perfectio quâ solâ implorat ut veritatis sinceritate perfruatur.*

L. de moribus Ecclesiæ Catholica. c. 25.

5°. Il est donc manifeste que saint Augustin entend icy une purification surnaturelle, qui ne se peut faire que par la grace de Jesus-Christ, *mentes purgatæ gratiâ ejus.* Aussi avertit-il dans ses retractations, que les Pelagiens ne doivent pas tirer avantage de ce qu'il a dit, que l'ame raisonnable en se purifiant, pouvoit joüir de la lumiere éternelle; parce que, dit-il, cette purification ne se peut faire que par le secours de la grace; *præparatur voluntas à Domino, & augetur munere charitatis.*

L. 5. de Gen. ad litt. c. 14.

Retract. l. 1. c. 10.

Il explique encore cette purification au livre de *quantitate animæ*, de cette maniere. Il distingue sept degrez de l'ame : dont le premier est d'animer le corps : le second consiste dans la faculté de sentir, qui

De quantit. anima. c. 33.

qui est commune avec les bêtes : le troisiéme, dans la faculté de raisonner : le quatriéme, où commence la purification, c'est que l'ame s'estimant plus que le corps, commence à se séparer de tout ce qui peut la soüiller ; elle se met au-dessus de tout ce qui seroit capable de l'ébranler dans la résolution qu'elle prend de ne rien souffrir en soi qui puisse la rendre odieuse à Dieu. Dans le cinquiéme, l'ame pleine de l'idée de sa noblesse, & affermie dans l'amour de sa parfaite pureté, s'élance vers Dieu & se porte à la contemplation de la verité. Le sixiéme, consiste dans un regard fixe & lumineux de ce qu'elle a desiré de voir au cinquiéme degré. Enfin, le septiéme n'est pas tant un degré, que le terme même ; c'est une joüissance tranquille du souverain vrai, & du souverain bien. Par le sixiéme, elle tendoit à Dieu ; dans ce septiéme, elle demeure dans Dieu : *sextus ad Deum ; septimus apud Deum*. Dieu l'introduisoit au sixiéme ; il la nourrit & la repaît au septiéme : *introduxit in sexto, pascit in septimo* ; au sixiéme l'ame s'éleve : *pulchrè ad pulchritudinem* ; au septiéme elle se repose : *pulchrè apud pulchritudinem*. On peut encore voir sur cela le second livre *de Doctrinâ Christianâ*, chap. 7.

<small>De civit l. 10. c. 32.</small> Telle est cette voïe universelle de purifier l'ame & de la délivrer de ses ténébres, que la seule grade Jesus-Christ nous a apprise, qui fut revelée à Abraham & aux Prophétes, que les Apôtres nous ont plus clairement expliquée, & qui conduira l'ame fidéle jusqu'à l'éternelle possession de Dieu. Voïe que Porphyre, ni aucun des Platoniciens n'a trouvée, faute d'avoir sçû la bien chercher.

60. Non-seulement cette veuë de la verité s'acquert par des moïens

surnaturels ; mais elle s'étend encore principalement à des connoissances surnaturelles ; sçavoir, des mysteres que la Religion nous propose, de la conduite de Dieu sur les hommes, de l'équité de ses commandemens & de sa Loy. Elle est le prix & la récompense de la Foy : *intellectus merces est fidei, meritum fidei, &c.* C'est cette grace que Jesus-Christ, aprés sa resurrection, fit à ses Apôtres en leur ouvrant l'esprit & leur donnant l'intelligence des saintes Ecritures. En un mot, c'est la perfection de la Religion, c'est le comble de la plus haute sainteté, par laquelle une grande ame puisse être unie à Dieu : *hæc est vera, hæc perfecta, hæc sola Religio per quam Deo reconciliari pertinet ad animæ magnitudinem.*

<small>De quant. animæ in sep. grad.
L. 1. de lib. arb. c. 2.
Enarr. in ps. 118.
Conc. 18.
Tract. 29. in Joann.
De civit. l. 10. c. 32.

De quant. animæ c. 34.</small>

L'ame ainsi élevée par les degrez qu'on a marqué, & tout-à-fait purifiée, est dans un état au-dessus

duquel il n'y a rien de plus parfait, ni de plus heureux : *mentes
rationales purgatæ gratiâ ejus
possunt pervenire ad ejusmodi vi-
sionem, quâ nec superius quic-
quam sit nec beatius.* Elle joüit
de la sagesse, de la verité : elle a
trouvé tout le bonheur que l'homme peut souhaiter. On ne peut expliquer ce qui se passe alors entre
Dieu & cette ame ; quelle abondance de lumieres, quels tor-
rens de délices elle reçoit, quel
avant-goût elle a de l'éternité bienheureuse ! *Quæ gaudia, quæ per-
fruitio veri ac summi boni, cujus
serenitatis atque æternitatis affla-
tus ! quid ego dicam ?* Dans cet
heureux état, on voit la verité
comme à découvert, sans aucun
mélange de phantômes, ni d'images sensibles ; on ne craint plus l'erreur, on ne souffre aucun doute :
les vertus ne sont plus pénibles :
on a abondamment tous les secours
ne-

de Metaphysique. 313

nécessaires pour vaincre toutes sortes de tentations, & pour pratiquer avec joïe toutes les vertus : on n'est plus occupé qu'à aimer ce que l'on voit ; la plus pure charité regne alors toute seule dans le cœur, & le remplit de délices : *Ibi (in istâ regione intelligibilium) sine ullâ corporis similitudine perspicua veritas cernitur, nullis opinionum falsarum nebulis offuscatur. Ibi virtutes non sunt operosæ… Una ibi & tota virtus est amare quod videas, & summa felicitas habere quod amas. Ibi beata vita in suo fonte bibitur, unde aspergitur aliquid huic humanæ vitæ ut in tentationibus hujus sæculi temperanter, fortiter, justè, prudenterque vivatur.* Cet état est accompagné d'extases & de ravissemens, de révélations & du don de Prophetie : *Ibi videntur etiam futura, ibi raptus & extases.* C'est enfin là ce troisiéme Ciel où saint

Di Gen. ad litt. l. 2. c. 26.

L. 1. So. lil. c. 6. 7.

L. 2. de lib. arb. c. 14. 15.

De Gen. ad litt. l. 12.

Tome II.   O

Paul fut ravi : c'est celui où souhaita d'être Moïse, quand il desira de voir Dieu face à face.

Cet état néanmoins, cette demeure fixe dans la verité, cette beatitude, n'exclut ni la Foi, ni l'esperance ; pour la Charité, elle s'y augmente & s'y perfectionne beaucoup.

Solil. c. 13.

7°. Cette veuë n'est point non plus, selon le saint Docteur, une veuë immédiate & directe de l'essence de Dieu ; une vision intuitive de la substance du Verbe : car expliquant ces paroles de l'Apôtre : *Videmus nunc per speculum, in ænigmate ; tunc autem facie ad faciem*, il parle ainsi : Nous verrons un jour l'essence de Dieu comme la voïent présentement les SS. Anges ; mais quant à présent dans cette vie, nous ne la voïons pas de la sorte : cette bienheureuse vision nous est reservée, comme la récompense de nôtre Foy ;

1. Cor. 13.

de Metaphysique. 315

c'est de cette même vision dont parle encore l'Apôtre saint Jean, quand il dit : « Que nous lui serons semblables lorsqu'il se découvrira à nous, parce que nous le verrons alors tel qu'il est. » Or par la face de Dieu dont parle saint Paul, il faut entendre la manifestation de sa substance. Ainsi, lorsqu'on me demande ce que seront les Saints dans ce corps spirituel : je réponds qu'ils verront, non pas ce que je vois, mais ce que je crois. *Sicut ergo illi (sancti Angeli) ita & nos visuri sumus, sed nondum ita videmus... præmium itaque fidei nobis visio ista servatur, de quâ & Joannes Apostolus loquens ; cùm apparuerit, inquit, similes ei erimus quoniam videbimus eum sicuti est. Facies autem Dei, manifestatio ejus intelligenda est... quapropter cùm ex me quæritur, quid acturi sint sancti in illo corpore spirituali? non dico, quod jam video ;*

L. 22. de civit. c. 29.

sed dico, quod credo. On peut en passant, admirer la hardiesse du P. M. qui veut nous faire accroire, non seulement que saint Augustin a enseigné qu'on voïoit Dieu dès cette vie : mais que ce Pere a crû que c'étoit le sentiment & la Doctrine de saint Paul.

<small>R. T. 2
p. 269
Eclair.
10.</small>

Saint Augustin expliquant ces paroles du Pseaume 48. *inclinabo in parabolam aurem meam*, parle ainsi : Pourquoi cette parabole ? *Quare in parabolam ?* Parce que maintenant nous ne voïons que comme dans un miroir & en énigme ; comme nous l'apprend l'Apôtre, qui dit, que tant que nous vivons dans ce corps mortel, nous sommes loin de Dieu ; parce que la connoissance que nous en avons, n'est point une veuë intuitive & face à face, qui excluë les paraboles & les énigmes : quelque parfaite que soit présentement nôtre intelligence, nous ne connoissons

<small>Enarr.
in Psal.
48.</small>

cependant rien qu'en énigme : quelques soins que l'homme apporte à purifier son cœur, & à rentrer en soi-même, il ne voit qu'en partie, tant qu'il est revêtu d'une chair corruptible. *Quia videmus nunc per speculum in ænigmate, sicut dixit Apostolus ; quamdiu sumus in hoc corpore, peregrinamur à Domino : quia nondum est illa visio nostra facie ad faciem, ubi jam non sint parabolæ, ubi jam non sint ænigmata & similitudines. Quidquid modo intelligimus, per ænigmata conspicimus... quantumvis excolat homo cor suum & ad interiora intelligenda refugiat ; quamdiu per corruptibilitatem carnis hujus videmus, ex parte videmus.*

Il s'explique de même sur ce point, & de la maniere la plus nette, à l'occasion de ces paroles : *Lætetur Israël in eo qui fecit eum.* Qu'est-ce qu'Israël, dit-il ? C'est

Enarr. in Psal. 149.

celui qui voit Dieu... Est-ce que nous voïons Dieu dès cette vie ? car si nous ne le voïons pas, comment sommes-nous appellez Israël ? c'est qu'il y a une vision propre de ce temps-cy, & il y en aura une autre bien differente dans la vie future : la vision d'aprésent se fait par la foy : la vision future se fera par la manifestation de la nature Divine qui sera veuë en elle-même. Si nous avons la Foy, nous voïons autant que nous pouvons voir présentement : si nous aimons, nous voïons ; car quiconque a la charité, qu'il rentre dans soi-même, & il y verra Dieu. *Quid est Israel ? Videns Deum... numquid jam videmus Deum ? quomodò sumus Israel, si non videmus ? est quędam visio hujus temporis, erit altera visio futuri temporis : visio quę modo est, per fidem est ; visio quę futura est per speciem erit. Si credimus, videmus ; si amamus videmus... quisquis habet charitatem, conscientiam suam attendat; & ibi videt Deum.*

Il ne seroit pas difficile de rapporter encore plusieurs autres témoignages semblables.

8°. Cette veuë n'est point aussi une pure passion de l'ame; c'est une action de l'entendement. Il est certain, dit-il, que l'esprit agit lorsqu'il pense: *mens utique in cogitationibus movetur.* Il appelle nôtre connoissance, nôtre Verbe engendré de nôtre esprit; *Verbum nostrum & mentem de quâ gignitur, medius amor conjungit.* Il prononce que l'esprit produit sa connoissance: *mens notitiam suam gignit.* Dans l'explication même du cinquiéme & du sixiéme degré de la purgation de l'ame, il appelle du nom d'action, la veuë que l'ame a de la verité: *in hoc gradu (5°.) anima pergit in Deum, id est, in ipsam contemplationem*

L. imperf. de Gen. ad litt. c. 3.

L. 9. de Trinit. c. 8.

Ib. c. 11

De quantitate a-

320 *Réfut. d'un nouveau Syst.*

<small>nimæ quintus & sextus gradus.</small>

veritatis. sed hæc actio summus aspectus est animæ: sextus ergo erit gradus actionis.

9. Non-seulement cette veuë de Dieu de la souveraine verité, n'est point intuitive ; non-seulement elle est un vrai acte de l'entendement, mais elle ne se termine, même selon saint Augustin, qu'à des especes intellectuelles produites par l'esprit. Ce Pere s'en explique d'une maniere très-expresse au 9. livre *de Trinitate*, chap. 11. <small>L. 9. d Trinit c. 11</small> De même, dit-il, que nous ne connoissons les corps que par des images que nous nous en formons dans nôtre imagination ; aussi nous ne connoissons Dieu, & la substance de nôtre esprit, que par des images spirituelles que nous nous faisons, & de Dieu, & de nôtre ame, lesquelles ont quelque ressemblance avec leurs objets. *Quemadmodum, cum per sensum corporis discimus corpora, fit eorum aliqua*

similitudo in animo nostro, quæ phantasia memoriæ est... ita cum Deum novimus... fit aliqua Dei similitudo illa notitia: mais, ajoûte le saint Docteur, il y a cette différence entre ces especes differentes ou images des corps, de Dieu, & de l'ame; que les images des corps étant dans l'ame, qui est une substance plus noble que le corps, elles sont aussi d'une nature plus excellente que les corps mêmes: au lieu que l'espece intellectuelle qui nous représente Dieu, est fort inférieure à Dieu même; parce que Dieu est quelque chose de bien plus excellent que l'esprit dans lequel est cette espece. Quant à la connoissance que l'ame a d'elle-même, on peut dire que ce Verbe de l'esprit, égale l'esprit même dont il est la représentation; parce que c'est l'esprit même qui se connoît & qui est connû. *Melior est imaginatio corporis in animo... in*

322 *Réfut. d'un nouveau Syst.*
quantùm hæc in meliore naturâ est... Dei similitudo.. inferior est, quia in inferiore naturâ est; creatura quippe animus, creator autem Deus: ex quo colligitur, quia cum se mens ipsa novit atque approbat; sic est eadem notitia Verbum ejus, ut ei sit par omninò & æquale.. qui mens ipsa quæ novit, est nota.

 10. Il est de plus à remarquer, que saint Augustin attribuë sur tout & presque uniquement à la charité, cette veuë de Dieu & de la verité; selon lui, c'est principalement le cœur qui agit & qui voit, beaucoup plus que l'esprit. Joüir même de cette veuë, ce n'est autre chose qu'avoir un grand amour pour Dieu : *Anima rationalis quando pura est, Deo proxima est; eique quantùm charitate cohæserit, in tantùm ab eo lumine illo intelligibili perfusa quodammodo & illustrata cernit istas rationes,*

sive ideas, sive formas, quarum visione fit beatissima. Frui sapientiâ Dei, nihil aliud est quàm ei dilectione cohærere. Quisquis habet charitatem, conscientiam suam attendat, & ibi videt Deum. Enarr. in Psal. 149.

11e. Enfin, il est bon qu'on sçache que saint Augustin un peu revenu à la longue de ce systéme à la Platonicienne, se repentit de trois choses qui y ont rapport : la premiere, d'avoir trop estimé & trop loüé Platon & les Platoniciens : la seconde, d'avoir dit qu'il n'y avoit que ceux qui ont le cœur pur qui pussent parvenir à la connoissance de la verité ; car, dit-il, on peut aisément me répondre, qu'il y a bien des hommes dont le cœur n'est gueres pur, qui ne laissent pas de connoître bien des veritez : mais c'est que je n'avois pas assez expliqué ce qu'étoit cette verité que les seuls purs pouvoient sçavoir, & ce que c'étoit que sça- L. 1. retract c. 1. & 4.

voir : la troisiéme, est d'avoir dit que dés cette vie l'ame pouvoit être bienheureuse par l'intelligence de la verité, par la connoissance de Dieu.

III. Il me semble qu'aprés cette exposition des pensées de saint Augustin sur la nature & la connoissance de la verité; il est aisé de comprendre, comment d'un côté le P. M. sur quelques passages détachez, qui regardent la premiere partie du systéme qu'on vient de développer, a pû se persuader que le saint Docteur lui étoit favorable: & comment d'un autre côté il s'est trompé dans son opinion, faute d'avoir assez examiné les vrais sentimens de ce Pere, en comparant sur tout la seconde partie de son systéme avec la premiere. S'il l'eût fait, il me paroît qu'il n'auroit pû s'empêcher de voir, que toute cette Doctrine de saint Augustin, n'est au fond qu'une explication de ce que Dieu opere dans une ame qu'il appelle à lui, soit du Paganisme ou de l'Hérésie, soit de l'état du peché, pour la conduire ensuite à un haut degré de perfection Chrétienne. Ce grand Saint, au reste, ne faisoit qu'exposer ce qu'il avoit lui-même éprouvé.

D'abord cette ame éclairée par une lumiere d'enhaut, conçoit le danger & le malheur de son état, la necessité où elle est, si elle veut être solidement & éternellement heureuse, d'embrasser la Religion Catholique, & de mener une vie conforme à cette sainte Religion : ensuite elle desire, elle demande la grace de sa conversion ; elle espere de la bonté de Dieu, qu'elle l'obtiendra par Jesus-Christ Nôtre-Seigneur. En effet, l'Esprit saint opere enfin ce changement, cette ame déteste le peché & tout ce qui la peut soüiller ; elle est résoluë d'être toute à Dieu, sans que rien la puisse ébranler dans sa résolution, elle veut le posseder autant qu'il se peut dès cette vie, par la connoissance, par l'amour, par l'obéïssance à sa Loy, par la pratique de toutes les vertus.

A de si heureuses dispositions, succede le dégoût du monde & de ses frivoles amusemens, un grand mépris pour tout ce qui occupe les hommes charnels : richesses, honneurs, plaisirs, ne paroissent plus que de dangereuses illusions. Cet esprit solide ne peut plus s'occuper que de Dieu : plein de l'idée de sa propre noblesse & de la grandeur de Dieu; l'Univers entier lui paroît un objet trop petit & trop indigne de lui.

Son propre corps lui devient à charge, il souffre impatiemment d'être comme lié à une chair dont le poids l'appesantit & retarde son vol vers le Ciel; il ne supporte la vie que par soumission à la volonté de son Créateur ; il soupire incessament aprés sa délivrance ; il emploïe les moïens qui lui sont permis, pour diminuer & affoiblir son union avec toutes les choses sensibles en brisant peu à peu les liens qui l'y attachent ; il ne tient plus à la terre ; & s'il semble quelquesfois, lorsque la charité l'y engage, converser encore avec les hommes ; ses pensées néanmoins & toutes ses affections sont dans le Ciel au pied du trône de celui qu'il adore.

Dans ce bienheureux état, où la vivacité de sa Foy, & la fermeté de son esperance l'ont conduit ; son cœur s'embrase de plus en plus du feu de la charité ; ce cœur purifié par de si belles flames, de ses moindre taches, des plus legeres affections qui lui étoient restées pour les créatures, ne trouve plus rien qui l'empêche de s'unir très-étroitement à son Créateur ; il le sent, il le goûte, il le touche, il le possede.

Dans certains délicieux momens d'extases & de ravissemens, tout pénétré de lumiere & d'amour, il voit en quelque façon la beauté qu'il aime ; il la voit d'une veuë très-simple, & en même temps infiniment feconde ; il voit tout, & n'apperçoit qu'un seul objet : objet, qui dans le silence des sens entierement assoupis & comme morts ; *ita ut anima à sensibus corporis avertatur ampliùs quàm in somno solet, sed minùs quàm in morte* ; qui, sans l'entremise d'aucun phantôme de l'imagination ; sans multiplicité d'actes de la part de l'entendement, répand d'une maniere ineffable la clarté dans la partie la plus haute de l'esprit.

Le parfait Chrétien sort de cette divine Ecole, si persuadé, si convaincu des veritez de la Foy, tou-

De Gen. ad litt. Lr. 12. c. 26.

tes obscures qu'elles sont en elles-mêmes, qu'il ne peut plus s'élever dans son ame le moindre doute ; il en sort si rempli d'ardeur, pour la possession de la terre promise, qu'on lui a fait voir de loin, & dont on lui a fait goûter des fruits ; que nul exercice de vertu, quelque austere qu'on la suppose, ne lui paroît plus pénible ; il en sort brûlant d'une charité, dont les divins transports ne lui laissent pas la liberté de voir ni d'aimer dans Dieu, autre chose que Dieu même ; il en sort enfin, comblé de cette joïe, rempli de cette paix, & de tous ces précieux dons que le Saint-Esprit répand dans une ame où il se plaît d'habiter.

Encore une fois, je suis persuadé que voilà quelles ont été les pensées de saint Augustin ; & je ne crois pas qu'on en puisse douter, si l'on fait réfléxion qu'on ne peut donner, à tout ce que nous en avons rapporté, aucun autre sens raisonnable : au lieu que suivant cette explication, il n'y a plus rien qui ne s'accorde & ne s'entende bien. On conçoit que cette parfaite sagesse, cette veuë de la verité, qui seule peut rendre l'homme heureux, ne se peut trouver que dans la Religion Catholique. On comprend que cette veritable & sainte Philosophie, étoit dans ces premiers temps connuë de peu de personnes, & qu'elle ne pouvoit être suivie que par des gens qui eussent le cœur pur : que la maniere de parvenir à cette pureté de cœur, ne s'apprend que dans l'Eglise de Jesus-Christ, qu'elle suppose la Foy, l'Esperance & la Charité : que cette purification toute sainte & infiniment opposée à l'impie Theurgie de Porphyre, est un don de Dieu, & ne se fait que par la grace du Sauveur. On comprend qu'une ame ame ainsi purifiée,

de Metaphysique. 331

goûte Dieu & le possede, plus ou moins, selon la mesure de sa charité, & qu'elle peut parvenir à une si haute perfection, à un état si extraordinaire & si excellent ; que Dieu se communiquera à elle d'une façon qu'on ne peut plus expliquer ; qu'il l'éclairera sur ce que la Foy a de plus obscur ; qu'il versera en elle des consolations si abondantes, que la vertu ne lui sera plus pénible, & qu'elle joüira d'un bonheur qui passe tout ce qu'on en peut imaginer : on n'est plus surpris que saint Augustin dise que quelques grandes ames, des ames incomparables ; *magnæ quædam & incomparabiles animæ*, ont éprouvé ces faveurs de Dieu ; qu'il dise qu'on peut appeller l'état où se trouvent ces ames dans certains momens, le troisiéme Ciel, où saint Paul fut ravi ; que c'étoit un de ces heureux momens que désiroit Moïse, lorsqu'il demandoit à

De quant. animæ.

voir Dieu ; que les Prophètes étoient dans ces momens, lorsqu'ils voïoient les choses futures, &c.

J'avoüe cependant, comme j'ai déja dit, que saint Augustin a donné à cette Théologie mystique un air de Philosophie Platonicienne, qui ne s'accorde point du tout avec nos manieres de penser sur ces sortes de matieres : mais on ne s'en étonnera pas tant, si l'on se transporte, pour ainsi dire, en esprit au temps où il vivoit, dans lequel les noms de sagesse, de verité, de Philosophie, étoient si fort à la mode & en tel respect, qu'on ne concevoit guéres la Religion Chrétienne elle-même, que sous l'idée de la vraïe sagesse, d'une parfaite Philosophie, dont les Sectateurs pouvoient seuls rencontrer la verité, & le souverain bien : joignez à cela l'inclination qu'il avoit conçuë pour Platon & pour sa Doctrine, dès le commencement de sa conversion;

la persuasion où il étoit lorsqu'il fit ses Livres Philosophiques : *de Quantitate animæ, de Ordine, de Magistro, de Musicâ*, les Soliloques, &c. que le Platonisme s'accordoit fort bien avec l'Ecriture ; que le Verbe de Platon, étoit celui de saint Jean : ajoûtez encore l'estime qu'il faisoit de Porphyre : enfin, faites réfléxion au génie mystérieux de ce siécle, & au peu de soin qu'on y prenoit de parler simplement & intelligiblement ; au peu de méthode qu'on avoit ; à la grande ignorance même où l'on étoit, par rapport à la nature de l'esprit, & aux differentes voïes par lesquelles il connoît, ou les choses qui se passent en lui, ou les objets qui sont hors de lui : & alors vous comprendrez comment saint Augustin a pû laisser échaper, sur tout dans ces premiers Ouvrages, quantité d'expressions obscures, équivoques, outrées même,

De quant. anima.

& qui ont besoin d'être prises favorablement, & expliquées par d'autres endroits de ce Pere.

Or le P. M. ne s'est justement attaché qu'à ces premieres expressions toutes Platoniciennes de saint Augustin, sans faire attention que le respect qu'il doit à ce saint Docteur, demandoit qu'il lût un peu mieux ses Ouvrages : afin de ne lui pas imputer des sentimens aussi absurdes que ceux qu'il lui impute, quand il se vante de l'avoir de son côté.

IV. Descendons encore, si on le veut, dans un plus grand détail ; afin d'ôter absolument tout prétexte aux Malebranchistes, d'abuser de l'autorité d'un Pere si respectable dans l'Eglise, pour appuïer des opinions si peu conformes à la saine Doctrine. Et montrons que le systéme de saint Augustin, lors même qu'on le regarde du côté Platonicien, ne favorise en aucune sorte le Malebranchrisme.

En premier lieu, saint Augustin pose pour fondement, que la verité, c'est Dieu même, c'est le Verbe. Le P. M. au contraire, dit contre ce sentiment de saint Augustin : « Nous pensons nous, que « les veritez, même celles qui sont « éternelles, ne sont pas seulement « des êtres absolus ; tant s'en faut « que nous croïons qu'elles soient « Dieu même. Néanmoins, si l'on « y prend bien garde, ce n'a été que sur ce préjugé, que saint Augustin a dit, que l'ame qui connoissoit la verité voïoit Dieu : parce que, selon lui, la verité étoit Dieu.

R T 1.
l 3 2.
c 6.
p 220.

En second lieu, saint Augustin enseigne très-expressément, que nous ne voïons point les choses corporelles en Dieu : *Corporalia extra corpus videri omninò non posse... coporalia non nisi per corpus videri posse*; & le P. M. ne semble pas lui-même en disconvenir.

D. Gen. ad litt. l. 12. c. 3, &c. L. de quant. anima

R. ib.

Néanmoins il prétend lui, que ce n'est qu'en Dieu qu'on voit & qu'on peut voir les choses materielles, & que les corps ne sont pas visibles par eux-mêmes.

En troisiéme lieu, saint Augustin déclare que cette veuë de la verité qui est Dieu, & qui fait les vrais Philosophes, ne s'accorde qu'aux ames pures & saintes. Le P. M. prétend lui, qu'elle est commune généralement à tous les hommes, & même aux démons : il enseigne même, que les plus gens de bien ne sont pas ceux qui connoissent mieux cette union de nôtre esprit avec Dieu, qui n'est guéres connuë que des Philosophes Malebranchistes.

En quatriéme lieu, saint Augustin tient que cette connoissance de la verité, est un don de Dieu, auquel on ne peut parvenir que par des moïens surnaturels : la pénitence Chrétienne, la Foy, l'Esperance, fance, la Charité, la grace du Redempteur. Le P. M. veut lui, qu'elle soit très-naturelle, & qu'on l'obtienne par la seule attention, qui est selon lui, une priere de l'ame ; laquelle ne peut manquer d'être exaucée, en consequence des Loix naturelles de l'union, que tout esprit a necessairement, & naturellement, & essentiellement avec Dieu.

En cinquiéme lieu, saint Augustin fait consister le plus haut degré de l'ame, qui s'éleve à la connoissance de la verité, dans un acte de l'esprit, *sextus ergo erit gradus actionis*. Le P. M. nie absolument que l'entendement renferme aucune action ; connoître & voir, ce n'est chez lui qu'être touché, affecté, modifié.

En sixiéme lieu, selon saint Augustin, on n'a point en cette vie la veuë immédiate & directe de Dieu : on ne le connoît que par une espece intelligible, bien moins noble que Dieu, parce qu'elle n'est qu'une production de l'esprit créé. Mais le P. M. assûre que nous voïons Dieu en lui-même, directement & immédiatement ; qu'il ne peut être représenté par rien de fini ; qu'il est à lui-même son idée.

En septiéme lieu, on a veu que, selon le P. M. tout ce que nous voïons en Dieu, se réduit à l'étenduë, aux figures, & aux nombres ; nous n'y voïons point nôtre ame, ni l'idée de l'esprit ; nous n'avons point non plus d'idées claires des perfections, bonté, clémence, puissance, &c. Au contraire, saint Augustin aïant distingué soigneusement trois sortes de visions : la premiere, qui se fait par les sens : la seconde, par l'imagination : la troisiéme, purement intellectuelle, par laquelle l'esprit pur connoît la verité, sans l'entre-

De Gen. ad litt. L. 12. toto.

mise d'aucuns phantômes de l'imagination ni des sens, & qui est proprement le regard de l'ame saine & purifiée, laquelle découvre la verité en elle-même ; *quod non imaginaliter, sed propriè videtur, & non per corpus videtur ; hoc eâ visione videtur quæ omnes cęteras superat :* ce Pere apporte pour objets de cette derniere vision si excellente & si relevée, l'esprit de l'homme, la raison ou l'intelligence même de l'homme ; les vertus, prudence, justice, chasteté, pieté, & la charité envers le prochain : dans ce seul précepte, dit-il, *diliges proximum tuum tanquam teipsum ;* nous trouvons nos trois especes de visions : la corporelle, par laquelle on voit les lettres sur le papier : la spirituelle, par laquelle le prochain, quoique absent, est dépeint dans nôtre imagination : & l'intellectuelle, par laquelle l'amour de ce prochain est connû.

16.
c. 6.

Certes, cela ne quadre guéres aux idées du P. M.

Enfin, quand saint Augustin parle des idées de Dieu, il n'en parle point du tout dans le stile Malebranchiste. Il ne dit point qu'elles soient l'essence Divine, relative aux créatures. Il ne dit point que Dieu les voïe en considerant differentes perfections de sa substance; dont les unes soient les exemplaires de certaines créatures, & les autres les modéles d'autres créatures. Il ne dit point que ces idées soient dans Dieu des êtres réels, réellement differens les uns des autres; des êtres absolus qui n'aïent rien de commun entr'eux, & qui different de l'essence même de Dieu, dans laquelle ils sont. Il dit seulement, ce que tout homme de bon sens est obligé de dire aussi, que Dieu n'aïant pas agi à l'aveugle, lorsqu'il a créé le monde, il faut convenir qu'il connois-

L. 1
retract.
c. 3.

soit tout ce qu'il devoit produire, & par consequent, qu'il en avoit les idées ; que ces idées étoient *in mente divinâ* ; à sa connoissance, *in notitia facientis* : que les choses possibles existoient dans sa science avant que d'exister en elles-mêmes ; *erant in Dei scientiâ, non erant in suâ naturâ*. L. 83. qq. q. 46. De Gen. ad litt. L. 5. c. 15. Ib. c. 18.

Mais sur tout, il n'y a pas une syllabe dans tous les Ouvrages de saint Augustin, d'où l'on puisse inferer qu'il ait crû la substance de Dieu étenduë de la maniere que nôtre Auteur l'imagine ; qu'il ait admis dans cette Divine substance des parties actuelles, qui gardassent actuellement certains rapports de distance entr'elles, dont l'esprit pust voir les unes, sans appercevoir les autres. Au contraire, l'on voit que saint Augustin n'avoit rien tant à cœur, à cause des grossieres erreurs de son temps, que d'éloigner de l'idée de Dieu, toute idée approchante du corps; & que c'est même par cette raison qu'il a si souvent repeté dans tous les Livres que nous avons citez, que la veuë de la verité dont joüissoit l'ame bien purifiée, se faisoit dans l'entendement pur, sans aucun sentiment, ni phantôme, ou images des corps, quelque spirituelle qu'on la supposast.

Il se déclare même très-positivement contre la nouvelle Metaphysique, par rapport à ce point; dans le cinquiéme Livre *de Gen. ad litt.* où aprés s'être expliqué fort au long dans les Chapitres 5. & 6. sur la veuë des corps; il dit en termes exprès : que les choses corporelles étant d'une nature très-differente de nôtre esprit, nous ne pouvons pas même voir dans les idées primordiales, sur lesquelles elles ont été créées, ni dans Dieu; ce qu'elles sont, ni leur grandeur, ni leurs qualitez: *Remota sunt* [*corporalia*] *à mente nostrâ propter dissimilitudinem sui generis ; nec idonea est ipsa mens nostra in ipsis rationibus quibus facta sunt ea videre apud Deum, ut per hoc sciamus quot & quanta, qualiaque sint.*

L. 5 de Gen. ad litt. c. 16.

Fin de la seconde Partie.

FAUTES A CORRIGER
dans la seconde Partie.

Page 24. ligne 1. qui la composent, *lisez* qui le composent.

Pag. 28. l. 24. cet cette idée, *effacez* cet.

Pag. 29. l. 9. *effacez* tous.

Pag. 66. l. 16. le représente, *lisez* les représente.

Pag. 124. l. 13. pour signifier, *lisez* ou pour signifier.

Pag. 129. l. 14. dire pas non plus, *effacez* pas.

Pag. 149. l. 23. nulle vrai rapport, *lisez* nul.

Pag. 152. l. 6. des parties exterieures, *lisez* interieures.

Pag. 176. l. 15. substanriel, *lisez* substanciel.

Pag. 192. l. 9. aïant, *lisez* aïent.

Pag. 221. l. 2. voïons, *lisez* voyions.

Pag. 224. l. 8. nes, *lisez* nos.

Pag. 249. l. 10. présent, *lisez* présente.

Pag. 310. l. 14. la seule Gra-, *lisez* Grace.

Pag. 322. l. 9. *qui mens*, lisez *quia mens*.

www.ingramcontent.com/pod-product-compliance
Lightning Source LLC
Chambersburg PA
CBHW060059190426
43202CB00030B/2802